U0515446

湖南省教育厅科学研究项目—优秀青年项目:
实验方法视角下考虑风险感知的投资者行为研究（项目编号：21B0216）资助

杨确◎著

基于金融市场实验的投资者风险感知及行为研究

JIYU JINRONG SHICHANG SHIYAN DE
TOUZIZHE FENGXIAN GANZHI JI XINGWEI YANJIU

中国财经出版传媒集团
经济科学出版社
Economic Science Press

图书在版编目（CIP）数据

基于金融市场实验的投资者风险感知及行为研究 /
杨确著 . -- 北京：经济科学出版社，2022.8
ISBN 978 - 7 - 5218 - 3955 - 5

Ⅰ . ①基… Ⅱ . ①杨… Ⅲ . ①风险投资 - 投资行为 -
研究 Ⅳ . ①F830.59

中国版本图书馆 CIP 数据核字（2022）第 154480 号

责任编辑：杜 鹏 刘 悦
责任校对：王苗苗
责任印制：邱 天

基于金融市场实验的投资者风险感知及行为研究

杨 确/著

经济科学出版社出版、发行 新华书店经销

社址：北京市海淀区阜成路甲 28 号 邮编：100142

编辑部电话：010 - 88191441 发行部电话：010 - 88191522

网址：www. esp. com. cn

电子邮箱：esp_bj@ 163. com

天猫网店：经济科学出版社旗舰店

网址：http：//jjkxcbs. tmall. com

固安华明印业有限公司印装

710 × 1000 16 开 10.5 印张 180000 字

2022 年 9 月第 1 版 2022 年 9 月第 1 次印刷

ISBN 978 - 7 - 5218 - 3955 - 5 定价：58.00 元

（图书出现印装问题，本社负责调换。电话：010 - 88191510）

（版权所有 侵权必究 打击盗版 举报热线：010 - 88191661

QQ：2242791300 营销中心电话：010 - 88191537

电子邮箱：dbts@ esp. com. cn）

前　　言

　　金融的复杂性给现代金融产品带来了高风险，并被认为是近年来金融经济危机的"催化剂"。金融的高风险很大程度上归结于复杂性理财产品的不断发展。通常由一部分投资者具有某一方面的投资需求引起，例如，投资的安全稳定性和投资结构化的需求，使某一类金融产品受到投资者的欢迎而需求量大增，其需求量远大于市场供给量。于是，金融中介机构创造新的投资方式来满足市场的各种需求。本书通过实验室金融市场实验设置高低不同风险感知的市场，观察投资者在两组实验中的差别，并在此基础上运用人工金融市场实验，引入复杂自适应网络环境，研究投资者受网络环境影响风险感知的演化过程，进而研究投资者行为的变化。本书的研究工作主要包括以下方面。

　　首先，针对风险感知是投资者在评估风险和不确定性时的主观判断过程，本书基于 Smith 双向竞价交易金融市场理论，设计了研究组和控制组两组实验室实验，分别让参与者产生不同程度的感知风险。通过记录和检测在实验中投资者的各种市场行为，检测和比较了高低风险两个市场的泡沫变化，总结了风险感知对投资行为的总体影响。进一步利用 Poisson 回归、Logistic 回归以及 different-in-different 等统计方法对风险感知冲击下投资者的行为进行分析。

其次，构建人工金融市场平台，对互联网经济新业态下的金融市场风险感知传染进行模拟仿真。通过模拟互联网环境下的金融市场中价格形成、市场机制、投资者异质性和社交网络传染等行为，观察不同投资策略下的投资者在互联网环境下风险感知的变化；运用计算金融实验方法，计算得到在不同网络结构下的风险感知动态指标，同时引入信息披露水平和网络规模两个重要参数，采用高次多项式回归比较分析不同动态网络下投资者风险感知变化的异同。

本书的主要结论包括：（1）分析发现，理性投资者的出售决策与上一期预测价格准确率之间有显著正相关关系，另外两种投资者上一期预测价格准确率与出售资产决策之间有显著负相关关系。（2）价格的下降变化与投资者上一期出售的资产数量显著相关，也受到上一期投资者对价格判断准确程度的影响，而与上一期的持有的资产和现金数量无关。（3）社交网络对投资者的风险感知有扩大作用，但对不同策略投资者的影响不同，对内在价值投资者的影响最小，对趋势投资者和理性投资者的影响较明显，且呈现不同影响特征。

本书的创新点主要包括两个方面。一是在研究视角上，从心理学的两个重要现象——保守主义和代表性启发理解风险感知偏误的产生，并对不同策略的投资者进行细分，研究风险感知影响下的投资行为。二是在研究方法上，本书采用实验室金融市场和人工金融市场两种方法相结合的方式对投资者的风险感知进行研究。采用实验室金融市场的研究方法能较好地观察投资者在相互无交流的环境下风险感知对其投资行为的影响。利用人工金融市场平台，将风险感知的研究拓展到互联网环境中，研究信息披露水平、社交网络规模以及投资策略对投资者行为。

杨　确

2022 年 6 月

目　　录

| 第 1 章 |

绪　　论

1.1　研究背景与研究意义

1.1.1　研究背景

金融的复杂性给现代金融产品带来了高风险，并被认为是近年来金融经济危机的"催化剂"。金融的高风险很大程度归结于复杂性理财产品的不断发展。通常由一部分投资者具有某一方面的投资需求引起，例如，投资的安全稳定性和投资结构化的需求，使某一类金融产品受到投资者的欢迎而需求量大增，其需求量远大于市场供给量。于是，金融中介机构创造新的投资方式来满足市场的各种需求。随着人民生活水平的不断提高，投资理财产品成为大多数人经济生活的一部分，受到越来越多中国家庭的重视。近 5 年来，我国银行理财的存续规模由 2016 年的 29.05 万亿元到 2020 年的 25.17 万亿元，其中，2018 年更是达到 32 万亿元[①]。

2018 年中国银行保险监督管理委员会（以下简称"银保监会"）出台《商业银行理财业务监督管理办法》和《关于规范金融机构资产管理业务的

---

　① 资料来源：普益标准数据。

指导意见》，从政策法规层面统一规范了我国金融机构的理财业务，为理财行业的发展做出了合理引导。为了进一步规范银行理财业管理，使之健康发展，2019 年底，相继出台的《商业银行理财子公司净资产管理办法》《关于规范现金管理类理财产品管理有关事项的通知（征求意见稿）》等一系列监管细则，对于产品发行机构的资产和现金管理提出了详细的管理细则，包括统一化监管标准、促进公平竞争，同时为理财产品的风险控制提供了法律保障。在此基础上，2019～2020 年，结合已出台的文件，银保监会又出台了《中国银保监会行政处罚办法》《商业银行理财子公司理财产品销售管理暂行办法》。我国投资理财行业的发展现状说明理财产品行业已占据金融市场举足轻重的位置。

如今，当人们打开网上银行，会看到许多银行推送的金融理财产品，可见，个人通过互联网移动终端投资理财已经逐渐成为一种受欢迎的投资方式。互联网理财产品设计复杂，产品说明书晦涩难懂使投资者对产品的风险感知偏离其实际风险，加之日益繁荣的互联网时代带来了丰富的线上和线下信息，不同投资者通过各种渠道的学习不断优化投资策略，使投资者在风险感知影响下的投资行为成为一个复杂的研究问题。

由于对金融业风险管理的高度关注，近年来与金融市场投资者风险有关的研究不断增加，主要包括：吴鑫育等（2019）采用极大似然的方法考虑投资者风险厌恶系数构建新的期权定价模型，能更好地拟合实际风险，提高风险管理的效果。刘小涛和刘海龙（2020）在 CEV 模型的基础上，根据随即控制理论研究了风险厌恶效用的最优动态资产配置问题，为解决最优投资策略提供了新方法。倪骁然（2020）从企业利益相关者的视角研究了卖空压力、风险防范与产品市场表现，并建议通过做好对金融市场影响的评估完善资本市场基本制度和监管机制，防范化解金融风险。张成思和郑宁（2020）对实体企业在流动性金融资产和固定资产投资之间权衡问题进行了研究，实证分析结果表明，风险规避是企业金融化的关键影响因素之一。庞俊、尚子琦和刘晓梅（2021）利用末端时间点影响消费者在风险决策行为中的偏好，研究末端时间标志对消费者风险决策的影响。从以上文献中可以看到，有关金融风险的研究十分丰富，内容涉及风险厌恶、风险防范以及风险规避等，但鲜有对投资者风险感知的研究。大量事实表明，投资者对金融产品的风险感知与实际金融风险有偏差。这种差别既来源于心理学和认知科学上的普遍规律，也受到个人认知能力、投资经历和策略选择等个体差异性因素的影响。受这些因素的影响，投资者对投资产品估计风险和预期价格的过程都具有异质性和复杂性。

随着互联网金融的日益发展，金融市场上充斥着线上、线下各种渠道传播的信息，投资者的风险感知也随着人际传播而发生变化。由于投资者可以将开放性理财产品售回给发行银行，这对发行银行现金流管理提出了更高的要求。已有的研究从投资者行为的视角对金融"传染效应"和"羊群效应"做了诸多研究。黄玮强、庄新田和何姚爽（2018）通过将网络拓扑结构和个体金融机构的风险传染特征相结合，基于金融机构的股票收益溢出关系构建一个信息溢出网络，研究风险传染。王霞等（2020）通过非参数回归方法研究了中国金融市场和东亚、拉美、新兴市场国家之间的金融传染效应。欧阳资生、杨希特和黄颖（2020）采用文本挖掘技术获得反映投资者情绪的网络舆情数据，将所构建的网络舆情指数嵌入系统性风险传染效应度量模型中，运用局部多项式估计方法进行参数估计，以此构建金融有向网络，进行中国金融机构系统风险传染效应实证研究。朱菲菲等（2019）构建了测量"羊群行为"的结构模型，通过递归方法和极大似然方法对参数进行估计，采用高频数据的实证研究，更准确地识别和度量"羊群行为"。但是对于风险感知的产生和传播，以及对投资者行为的影响现有文献中还少有涉及，这成为本书研究的最初动因。

综上所述，面对众多的金融产品设计和烦冗的产品说明，投资者对金融产品的风险感知往往与其实际风险不一致，导致投资者的收益期望出现偏差，从而做出错误的投资决策。本书从风险感知的新视角研究投资者的行为，是出于对上述现实金融问题的思考。

1.1.2　研究意义

风险感知对投资者行为决策的影响普遍存在于经济活动中，但是目前关于不同投资者风险感知对其投资行为影响的研究尚未得到足够的探讨。关于行为科学实验室实验和计算金融模拟仿真实验的方法，研究风险感知对投资者交易行为的影响及作用机理，对于投资者行为，投资者决策和政策监管等方面的研究都具有积极意义。本书的理论意义概括如下。

（1）投资者行为是管理学和经济学重要的研究问题。本书认真梳理了关于风险感知已有的文献，将感知风险归纳为人们对于事件发生概率的误判，从而导致行为上的偏误。本书关于风险感知概念的总结及其对投资者行为的研究有助于更全面地认识和管理风险。通过实验室市场行为实验，借助价格预测，持有现金和可交易资产数量、交易数量、上一期的实际成交价格等多重因素对投资者者决策进行定量研究，是对现有的实验室金融市场实验研究方法的拓展和补充。

（2）关于金融市场的风险测度等研究已经相当丰富，但是随着对投资者行为的研究越来越深入，人们逐渐认识到投资者行为对于金融经济的影响还有很多未解之谜。鉴于此，参考已有文献将实验室数据划分不同的投资策略：理性投资者、内在价值投资者和动量（趋势）投资者，这三种策略的投资者理性程度递减，即理性投资者投资的理性程度最高，内在价值投资者的投资理性程度居中，动量（趋势）投资者的理性程度最低。根据交易数据将投资者的策略进行细分，并将不同策略的投资者分别放置在不同社交网络中，观察投资者的行为，能够更深入全面地理解投资者行为背后的原因。

（3）随着互联网金融的飞越式发展，网络对经济的影响日益凸显。近年来，突发事件常有发生，信息在网络中传播引起投资者风险感知变化的经济现象受到研究者的关注。因此，本书采用小世界网络和无标度网络两种网络结构模拟投资者在线下社区交流与线上网络交流的环境下风险感知的传染机制，这对投资者风险感知在网络中演化的研究有积极的理论意义。

此外，本书的现实意义表现在以下三个方面。

首先，风险感知是一种客观存在的心理判断。因为其反映的是投资者对现实世界的分析和主观判断，在现实中很难获得这样的数据。因此，运用实验室金融市场实验数据来观察投资做出投资决策时的一些主观因素，采用一般的实证研究方法进行分析。通过本书的研究，加深了人们对于风险感知的认识，特别是投资者在风险感知环境下，如何做出投资行为这样的一个现实问题提供了有益的参考价值。

其次，本书充分考虑了投资者的异质性。投资者的投资和交易决策除了受到风险感知及其他行为决定因素的影响外，还会受到投资者的投资策略的影响。投资策略反映了投资者的理性程度。投资者的投资决策往往是参考资产的历史价格和其他投资者的行为，或者根据网络邻居的收益和其对资产未来价格的预测而产生的。

最后，本书通过人工金融市场平台对投资者之间风险感知的传染进行模拟实验研究，丰富了对投资者风险感知与理性程度以及投资者保护等方面量化的研究。我国是一个处在互联网大环境下的新兴投资市场，市场中大量存在个体投资者，人与人之间的联系日益复杂化和多样化，联系的随机性增强，投资者的风险感知传染和投资行为特征背后的原因是值得探究的现实问题。本书的研究结果从网络中的信息披露水平及网络规模的视角对这些现实问题做了较为深入的探讨。

1.2 基本概念

1.2.1 风险与风险感知

尽管对于风险的定义还没有统一的解释，但研究者和金融从业者普遍接受的观点为风险是投资结果发生的概率。关于风险的测量大多沿用计算收益波动率的方法，即计算收益的方差和标准差。这种方法不仅广泛应用于教学和资产定价模型的研究中，在当今金融市场政策和实践研究中也有诸多应用。例如，作为金融政策和市场理论基础的金融市场指南（the markets in financial instruments directive，MiFID）和欧盟的清偿能力标准都将收益的波动（方差）作为权益、现金、利率、资产价格风险测量方法。近年来，巴塞尔协议Ⅲ考虑潜在的下行风险，采用更复杂的风险衡量概念，如在险值（VAR）和预期损失（ES）。

风险感知是投资者在评估风险和不确定性时的主观判断过程。风险感知包括影响个人对金融服务和投资产品判断的各种客观及主观因素。在客观因素方面，研究者记录了来自风险感知文献的150多个作为潜在风险指标的财务与会计代理变量。在主观因素方面，如认知、情绪和个人行为在定义、评估和解释风险中起着重要作用。研究者还报告了文献中超过100个行为指标和超过10个风险属性的心理指标。

当出现不确定结果时，人们感知风险的方式影响他们的行为决策，风险感知在投资学中具有重要的研究意义。收益和风险是决策时的两个关键维度，也是金融市场的重要参数。但是，虽然已有大量文献研究人们对一般事件的风险感知，却少有文献研究投资者对金融市场的风险感知，而这些人是金融市场的真正参与者，对现实经济世界影响更大。研究发现，偏度是描述风险感知的一个重要参数，也对投资者偏好产生重要作用。调查发现，大多数专业投资者采用中值—方差作为衡量风险的方法。相较于普通人群，专业投资者的教育和从业经验能帮助他们更理性地看待感知风险。从前景理论的角度来看，风险感知作为一种对风险的非理性认识，是个体通过自身的"分析系统"，运用概率论和其他逻辑运算方法分析风险的过程。同时，风险感知的过程也是一个"经验系统"，投资者通过直觉、快速反应和启发式的思考获得风险感知。

1.2.2　投资者行为

投资者行为作为金融学的一个研究领域，具有丰富的内涵。本书结合研究主题，从以下三个方面研究投资者行为问题。

1.2.2.1　反馈行为

反馈行为指投资者对于新闻事件和市场变化的反应。由于投资者受到认知偏差、情绪波动以及投资偏差等因素的干扰，导致资产价格波动，偏离其内在价值。进一步，资产价格的变化又加剧了投资者的认知偏差、情绪波动和投资偏差，这一系列连续发生影响金融市场稳定性的投资者行为，就是反馈行为。

在金融市场中，存在不同的投资者，包括以理性投机为投资目的的投资者，也有不具有信息收集和分析能力，盲目跟风或者出于某种扰乱市场目的的噪声交易者。理性投资者通常是低价时买入资产，到高价时出售资产，赚取价差。这一类交易行为有稳定市场价格的作用，成为正面反馈的交易行为。有正面反馈行为产生的市场效果称为正面反馈效应。正反馈效应助推资产价格继续上升或者继续下降，因而又称为动量效应或者趋势效应。许多金融市场中的投资行为可以归为正反馈行为。投资者追逐价格，使市场表现好的资产持续地表现好，而市场表现不好的资产持续地表现差。

相反地，另一类交易者出于风险规避的心理，在资产价格高时买入，因为他们认为价格在未来仍会上涨；在资产价格低时卖出，因为他们为了防止价格继续下降而立即止损。这一类交易策略对于市场的价格变化做出反方向的行为反馈，称为负反馈行为。负反馈行为也会造成资产价格向与正反馈行为相反的方向变化。负反馈行为产生的市场效应称为负反馈效应。负反馈效应往往造成市场价格向与基本价值相反的方向变化。因此，又称为反转效应。反转效应的出现可能是因为投资者对资产安全性的追求和规避风险的需求。

1.2.2.2　信息不对称和信息成本

经典的有效市场假说（EMH）认为，市场中的信息能够被及时、充分地披露，并且每个人获得的信息是完全相同的。然而，这一假说受到越来越多的实证研究结果的挑战。研究发现，由于企业管理者的私利，市场中的信息不能被充分披露，而且由于信息不是无偿提供的，获得信息需要支付高额的成本。通过支付一定的成本，投资者可获得相应的信息帮助他们完成交易活动。

有效市场假说认为，对于大多数投资者而言，不必收集价格之外的信息，因为价格能最好地反映市场信息。但是反对者认为有效市场假说难以成立，他们提出所谓"价格悖论"：如果市场中所有信息能立即全部反映在价格上，那么价格达到均衡，没有人能获得超额收益。由于获得和处理信息是需要付出成本的，因而不是所有信息都能反映在价格上。

当通过拍卖确定价格时，同样难达到市场完全有效。因为拍卖机制开始时由于可参考的信息太少，会引起投资者对较高的多个价格进行竞价。随着信息的不断披露，价格逐渐变得有效，引起投资者只对最高的价格进行竞价。直至所有投资者的总净收益为负并且所有信息趋于一致。

本书研究的实验室金融实验和人工金融市场实验都采用的是连续双向竞价机制。结合已有的研究文献，本书对市场中的信息做以下设定：（1）没有对知情者（获得信息者）和不知情者（没有获得信息者）做严格的区分，但对信息披露层次做了界定。（2）信息披露层次是累积的，也就是高信息层次中的信息包含了低信息层次的信息。本书认为，这样的信息披露层次的设定相较已有的文献更贴近现实。

1.2.2.3　羊群效应

羊群行为，又称为羊群效应，是指市场中只有少数投资者为收集信息并努力提高信息分析准确性，其他大多数投资者只是跟着这些"领头羊"行动。"羊群行为"不仅存在于金融市场中，在许多有大量成员组成的组织中也都存在。目前，对于"羊群行为"形成的原因还有很多争议，本书认为可以从以下三方面考虑。

（1）动态的信息获取渠道。"羊群行为"产生的前提条件是市场中的信息不对称，或者对于信息的准确性难以评判。这时，只有少数有能力的、获得可靠的信息，或者对自己的市场判断能力有信心的投资者率先采取行动，其他投资者通过市场变化和"领头羊"投资者的投资行为修正自己的投资信念，做出与"领头羊"投资者相似或者同方向的投资决策。正是由于存在市场信息不透明，以及先行的投资行为具有释放私人信息的作用，才会使市场中的多数投资者有采用"羊群行为"的动机。

（2）行为的滞后性。当群体中人数较多时，"领头羊"做出交易活动之后，其他投资者处于观望的态度。市场均衡中总存在一定数量的最初行动滞后。同时，无论已经发生了多少行动，或者人群规模大小，在行动中也存在明显的滞后行为。在许多经济活动中，例如，IPO、宏观经济的预测、新技术的采用，这种滞后现象都是普遍存在的。但是，在已有的文献中对这种行动的滞后性没有进行充分研究，在这些时间序列前提的研究中，第一次行动出现后，会有很多行为同时出现，模仿之前的行为。有趣的是，研究者发现，随着人群规模变大，随着首次行为滞后规模的增大，而后续行为滞后的时间间隔则越短。换而言之，人群规模增大使"领头羊"的出现需要更长时间，但随后行动者更明显地参考了"领头羊"的行为特征。这也解释了为什么金融分析师要择时公布分析报告。

（3）行动的聚类。研究发现，金融市场中的行动具有明显的聚类的特征。即当一条信息发布时，会引发多次行动的聚集。每一次行动都带有巨大的信息量，且行动越早涵盖的信息越丰富、越有价值。早期的行为对公众获得信息有很大帮助，降低了行为迟疑的动机，并推动了后期的行动。"羊群行为"强调早期行为对后期投资决策的重要作用。研究发现，"领头羊"行动的准确性和时效性与随后行动的聚集成正相关。因此，"领头羊"的特征对于所有跟投者以及金融市场都起着重要作用，将决定后期行动的准确性和行动聚类规模。已有研究发现，如同其他公共品，信息具有外生的择时效应，并且时点具有均匀和对称的特点。但是"羊群行为"者不会直接表明他们通过延迟行动获得收益。由此可见，"羊群行为"是单向的，只有当有人放弃模仿他人而率先行动，才能为其他人提供"羊群行为"的机会。

1.3 研究方法和研究思路

1.3.1 研究思路

与传统的金融学相比，行为金融学研究风险的方法往往是基于不同的研究视角，如风险规避、风险偏好等。本书的研究视角"风险感知"是以有限理性和前景理论为基础，解释为当一个人遇到收益、损失或者厌恶时的表现。本书研究的风险感知是基于个人如何在现实世界中获得信息并做出判断和决策的模型。

本书主要研究风险感知对投资者行为的影响以及背后的传导机制，结合当前互联网和通信技术的迅猛发展，本书从两个层面进行研究，即无社交网络环境下和有社交网络环境下考虑风险感知的投资者行为。对应于这两个研究主题，本书选择两种不同的方法：采用实验室实验的方法构建一个无社交网络环境，再通过人工金融市场模拟一个有社交网络环境。两种方法的选择是出于对这两种方法特点的考虑。实验室实验的方法能人为地控制参数的设置，有效干预控制内生性问题，在实验室中制造一个杜绝人际交流的环境，对于研究市场参与者的心理活动，如获得预测价格的参数十分有利。但是其缺点是获得的数据量较少，且对于社交环境的度量缺乏精准的度量，因而难以实现用该方法研究有社交环境下考虑风险感知的投资者行为的研究。然而，人工金融市场可以弥补实验室实验的不足，通过对市场机制各投资者行为的刻画，再引入复杂网络结构，能够搭建一个有社交网络的实验平台，通过参数调节进行社交网络下考虑风险感知的投资者性的研究。

总之，本书利用实验室资本市场实验设计高风险感知和低风险感知两种市场环境，通过投资者非理性理论，观察投资者行为和资产价格如何受到投资者风险感知的影响。进一步，为了明确社交环境中投资者行为受风险感知影响的内在机理，本书采用人工金融市场平台结合多智能体技术（multi-agent），对复杂动态网络进行模拟，对交易价格和计时博弈、投资策略的选择和优化，以及投资者风险感知和自信程度等方面用程序语言加以刻画，探讨社交网络环境中风险感知对投资者行为影响的约束条件。

1.3.2　研究方法

1.3.2.1　实验研究方法

本书采用实验的研究方法，研究嵌入风险感知情境下的投资者行为。实验应用 Z‑tree 软件（Fischbacher，2007）开发建立一个实验室模拟金融市场，并对市场持续交易时间、交易期数、投资者数量、投资者获得的起始现金和资产数量，以及期末抽取分红的概率分布进行设置，以实现观察不同风险感知情境下的投资者行为研究目标。本书与已有实验室金融市场文献的最大区别在于嵌入不同的风险感知情境，由于当实验结束时参与者以实验中的收益兑换现金的经济激励，在参与者认识到每期交易结束时计算机将抽取不同的股利分红，并被告知股利的概率分布，并且在实验过程中提供给投资者风险信息提示，让参与者感知风险环境，通过多期交易的不断实践，参与者会产生风险感知。这一设计与现实世界中投资者风险感知的产生过程一致。经济学中将风险定义为结果的不确定性，当股利结果不确定时，投资者对于这种风险会有所感知，并反映到对未来自查价格的预测和投资决策上。

根据理论基础模型，采用连续双向竞价市场机制，由联入"市场"的多台计算机组成一个实验室金融市场，每场实验分为一定的交易期，每期交易持续时间相同。在每场实验开始时，每个投资者会获得相同的实验代币和相同份数的可交易资产，可交易资产的成交价格由交易双方提供的价格决定。任何投资者都可以成为交易的买方和卖方。在交易期间，卖方先提交愿意售出的价格，不同投资者提交的价格按照提交先后顺序显示在屏幕上。如果其他投资者愿意支付相应的价格购买资产，他的购买指示也会出现在屏幕上。此时，一次交易完成。当每一期交易结束时，系统将通过计算机随机抽取的形式决定当期分红（可以认为是资产收益），并将资产价值总额和现金总额之和计算出来，显示在投资者各自的屏幕上。如此循环完成所有交易期之后实验结束，系统将投资者获得的实验代币按一定比例转换成现金金额，参与者从实验组织者那里领取相应金额的现金（通常按100∶1兑换）。获得经济激励是经济学行为实验的重要手段，通过经济激励能较好地观察被试者在经济驱动下的行为。

1.3.2.2　人工金融市场研究方法

在人工金融市场的模拟计算中，本书运用JAVA等计算机编程工具模拟真实金融市场的各种要素，包括市场结构、投资者异质性、交易机制、信息成本等，并界定了投资者的策略优化更新和社交网络等过程，研究社交网络对投资者的风险感知和行为，以及市场演化的规律。采用matlab对模拟获得的数据进行高阶拟合得到不同网络下投资者风险感知的对比曲线图。

本书采用定量与定性相结合的方法，对基于风险感知的有社交网络中投资者的风险感知产生和风险感知的传染进行全面的分析。通过实验室金融市场实验，发现风险感知对投资者行为影响的问题，但是在实验室环境下，被试者之间是不交流的，即处于无社交网络状态，这显然与现实情况不符。在现实世界中，人与人之间不仅有交流，社交网络还有复杂层次和单期/多期等多种情形。鉴于此，计算金融的仿真模拟实验能更好地测量投资者行为在不同社交网络环境下的区别。在研究过程中，将动态网络与静态网络研究有机结合起来，更好地刻画有社交网络下投资者风险感知的产生和传染，以及对投资者行为带来的影响。通过对这些问题的探索和解答，能够更好地回答基于风险感知的投资者行为问题。

1.3.3　研究内容

本书共有8章，主体部分是第3章至第7章，根据研究内容分为两大部分。第3章和第4章研究在无社交网络环境下感知风险对投资者行为的影响，其中，第 3 章构建实验室金融市场的理论框架，第 4 章根据第 3 章的理论框架设计和完成实验，并分析实验的结果。第 5 章至第 7 章研究有社交网络环境下感知风险对投资者行为的影响，其中，第 5 章是构建实验的理论框架并描述人工金融市场的设计，第 6 章和第 7 章分别从"信息层次"和"网络规模"两个视角，探讨社交网络环境中投资者风险感知传播对投资行为的影响。各章节的具体内容如下。

第 1 章绪论。首先介绍本书的研究背景和研究意义；其次介绍本书所用到的研究思路、研究方法和研究内容；最后描述本书的基本概念和创新点。

第 2 章文献综述与理论基础。根据研究问题和内容，重点对国内外基于风险感知等心理因素对投资行为研究，实验室实验和复杂网络计算金融的研究进行系统介绍和归纳，并总结了相关理论。

第 3 章构建实验室金融市场实验的理论框架。本章首先从投资者分类和投资决策的三个阶段开始，引出风险感知的概念，并阐述投资者的需求；其次提出风险感知的测度；最后刻画了在无社交网络的环境下投资者的价格预测演化过程。

第 4 章在第 3 章理论框架 1 的基础上，参考经典实验，设计两组具有高低不同风险感知的实验室金融市场实验，实施实验并对实验结果做统计性分析。在对投资者的投资行为数据进行分类后，分析了三类不同策略的投资者在高低两种风险感知环境中的投资行为以及引起的资产价格变化。

第 5 章构建了一个人工金融市场，对动态复杂网络进行仿真模拟，从市场机制、价格形成、投资者异质性、风险感知的刻画，以及复杂动态社交网络结构五个方面对市场和投资者的特质做了设定。该模拟市场强调投资者的异质性、价格预测、学习更新和网络结构等特点，并对比无社交网络环境的研究，将投资者分为三种策略的投资者，并总结了实验思路、实验流程和初始参数设置。

第 6 章讨论了公共信息的个人价值和社会价值，以及风险感知的网络效应。接着在第 5 章设计的复杂网络人工金融市场实验的平台上，通过对信息披露水平的调控，检验了不同信息层次披露下投资者的风险感知变化。

第 7 章从风险感知传染的羊群效应和动因等方面讨论了风险感知的传播机理，并通过对网络人数的调控，检验了不同网络规模下投资者的风险感知变化。第 5 章至第 7 章的研究是对第 3 章和第 4 章无网络环境下投资者风险感知研究的拓展。

第 8 章结论与展望。分析了不同网络结构下三种策略投资者风险感知的特点，根据这些分析对我国金融市场的监管提出了政策建议。

1.4　本书的创新点

金融市场投资者的风险感知是研究者关注的新焦点。以往学者对此类问题做了诸多探讨，得到了许多颇具价值的结论和观点。区别于这些观点，本书的创新点主要表现在以下三个方面。

（1）在经典金融市场实验室实验的基础上，本书创新性地设置了高风险感知组和低风险感知组两组市场设置，获取了投资者对当期资产价格预期，投资者上一期预判价格的准确性，三种不同投资策略划分等不易从现实金融市场中获得的重要参数。研究了三种类型投资者的投资行为在风险感知影响下的异同，拓展了风险感知对投资者行为的研究，为市场管理者的政策制定提供可参考意见。

（2）由于风险感知是投资者在评估风险和不确定性时的主观判断过程，它对投资者的市场行为和交易决策产生深层次的影响。本书设计的人工金融市场引入公共信息的不同披露水平，结合自适应多智能体（multi-agent）方法形成异质性私人信息，模拟仿真投资者风险感知在不同信息层次下的演化趋势。

（3）为了研究社交网络中的风险感知的传染机理，本书在实验室实验的研究基础上，利用小世界网络（WS）和无标度网络（BA）结构，研究不同规模社交网络环境下投资者风险感知传染的演化规律，加深对风险感知研究的理解。对于更好地理解金融投资市场不同投资者的参与度和投资者保护等问题具有积极意义。

第 2 章

文献综述与理论基础

2.1 文献回顾与述评

本节将从研究主体和研究方法两个方面进行文献回顾和述评。首先针对研究的两大主体——投资者风险感知和投资者行为进行文献回顾；其次对两种研究方法——实验室实验方法和复杂网络仿真的文献进行梳理。

2.1.1 风险感知

风险感知是人们对风险事件发生概率的基本认识。研究发现，不同人对风险事件发生概率的认识是不同的，人们倾向于高估小概率事件的发生概率而低估大概率事件的发生概率。对于大多数风险感知决策，其评价对象可以转化为具有结构和其概率分布的"投资"形式。贾建民等在多篇论文中研究了风险感知的测度模型，提出了一种基于效用函数的标准风险测度方法（Jia and Dyer，1996；Jia et al.，1999）。另一些学者对该标准风险和风险—价值框架的三大主要公理假设进行了实证检验，结果表明，被试者风险评估与主要公理假设相一致（Butler et al.，2005）。考虑计算的复杂性和概念的通识性，本书对风险感知的测量主要基于利用标准风险和风险—价值框架构建函数的方法。

研究者不断意识到风险感知对金融市场的重要性,近 20 年来,已有的关于风险感知的研究可以分为以下三类。

第一类研究主要集中于风险感知的测量。有研究者通过向金融行业从业者和普通人发放问卷的形式,对两类人风险感知的强度进行测量,得出在有无从业经验约束下影响风险感知的因素(Weber, Blais and Betz, 2002)。有学者通过研究德语区被试者的风险感知补充了不同人口的风险感知(Johnson, Welke and Weber, 2004;Weber, Blais and Betz, 2002)。还有学者通过邀请在校研究生做实验,对可重复赌的游戏中投资决策行为和时间序列对风险感知的影响进行了研究。研究发现,除了收益结果方差外,预期损失概率,损失均值和异方差也是影响投资者风险感知的重要因素(Klos, Weber and Weber 2005)。

第二类研究关注风险感知在投资者决策中的作用。有的研究者通过发放 2226 份问卷,了解个体投资者的风险测量方法。研究发现,大多数投资者使用一种以上的方法测量风险,但是市场收益在其投资决策和风险感知中占最重要的地位(Veld and Veld-Merkoulova, 2008)。有的研究发现向被试者提供过去基金价值和基金业绩的信息会明显影响投资者的风险感知(Diacon and Hasseldine, 2005)。还有的研究采用问卷调查和因子分析模型的方法研究了风险感知和风险态度在投资决策中的作用(Sang et al. , 2017)。

第三类文献研究影响投资者风险感知其他因素。有的研究者通过向投资者和券商发放结构化问卷并对结果进行回归分析,识别参加者在决策过程中的行为特征,研究了新兴市场中投资者的风险偏好、风险感知和风险承担行为之间的关系。研究发现,风险偏好与风险承担成正相关关系,而与风险感知成负相关关系(Hamid et al. , 2013)。有学者将风险感知应用于互联网情境下的消费行为研究(Alalwan et al. , 2016;Hong, 2015)。有学者采用消费者测量分析的方法,采用意大利市场投资者数据对信息披露和投资者风险感知做了实证研究(Bruno et al. , 2018)。还有学者通过问卷调查的形式对金融专业人士和普通民众对风险感知的影响因素做分析比较,发现地区、职业背景等因素对于风险感知分布概率的影响很小，这证明，风险感知是一种稳定和内生的心理认知偏差（Holzmeister et al.，2020）。

2.1.2　投资者行为

2.1.2.1　反馈行为

投资者的正反馈行为（Delong et al.，1990）从理论上反驳了有效市场假说。该研究发现，理性投资者将价格拉回到基本价值，并从投资是否理性的角度将投资者分为趋势投资者、理性投资者和内在价值投资者。理性投资者能够预测未来资产价值在噪声交易者影响下的发展趋势，通过低买高卖获得套利。由于市场中普遍存在正反馈行为，且市场中有短期内的正相关收益和长期的负相关收益，因而对市场新闻有反应过度的倾向。

DHS 模型（Daniel，Hirshleifer and Subrahmanyam，1998）构建了一个基于非均质信息的模型。基于过度自信和对投资结果的自我归因两种心理现象对信息的反应过度和反应不足进行了研究。该研究发现，投资者存在对私人信息反应过度和对公共信息反应不足。除了已有研究认为正（负）反馈效应与反应过度和反应不足自相关外，持续的反应过度会导致正收益自相关，而短期的正自相关与长期负自相关的趋势保持一致。研究认为，投资者的投资失误是对私人信号的直觉判断有误，并将交易失误与资产的基本价值相关联，建立基于认知错误假设的决策模型，用于构建一个金融市场的动态行为定价理论。

BSV 模型（Barberis，Shleifer and Vishny，1998）研究投资者情绪时建立了一个投资者形成信念的模型，同样对反应过度和反应不足进行了讨论。该研究根据已有文献的结论以及心理学现象构建了一个反映投资者预期的投资者情绪模型，发现投资者往往过于重视眼前的消息而忽视重要性更强的消息，文章的研究结果与一系列实证研究结论一致。

近年来，关于市场信息反馈的研究还有：通过测试是否动量效应是由正自相关行为造成的，研究者发现，如果自相关是按月收益计算且结果为正，每月平均和累计的前 6 次或前 12 次自相关也为正（Pan，2010）；通过采用回归分析和指数权重滞后平方的方法测量了市场中权益指数的趋势效应，研究者发现有明显的"时间序列趋势效应"，长期来看有部分反转（Moskowitz，2012）；以及通过检验价格对新闻反应不足假设，并且研究者发现在近期交易量增加之后，短期连续性收益最高（Gokecen and Post，2013）。

另一方面，研究者对行业羊群效应和收益趋势进行了研究。有的研究发现，优势行业在随后的数月中会持续高额收益，同时发现行业利润的趋势也依赖于行业的"羊群行为"。弱势行业如果有高水平的"羊群行为"，其利润较低水平的"羊群行为"来说会更少（Demirer，Lien and Zhang，2015）。有的研究采用欧洲、美国、日本和环太平洋国家的数据检验了 HS 模型（Hong and Stein，1999）中反应不足引起的周期性趋势收益，发现对信息反应不足是造成动量效应的主要因素（Smith and Huynh，2013）。蔡文鑫和王一鸣（2018）通过股市数据，研究了投资者对新闻的反应存在偏差的问题，通过构建基于投资者情绪的价格调整非对称模型，研究不同情绪状态下宏观信息反应的差异。

2.1.2.2 信息不对称与信息获取

信息不对称是现实金融市场中普遍存在的问题，由于市场难以达到完全信息透明，投资者很难从市场中获得完全足够的信息，一些投资者拥有一些信息，但其他投资者没有，这就造成了信息的不对称。另外市场上充斥着投资者对于市场、价格和交易趋势的私人信息，使信息不对称问题与信息获取渠道交融在一起，成为研究市场信息不对称下的投资者决策问题的难点。大量实验研究了对市场效率与市场内部信息发布渠道以及发布方式的关系。第一类研究中信息是两极分化的，即有些被试者是内部知情人员，有些被试者是未经金融知识素养培训的（Noussair and Xu，2015；Palan and Stockl，2016）；第二类研究中被试者可以在交易期间购买信息，并在金融市场中引入评级机构，是否该机构提供部分可信的私人信息能减少错误定价并刺激价格趋向于资产的内在价值（Ferri and Morone，2014）；第三类研究是在交易开始之前，向市场中所有的参与者提供固定数量的可靠信息。该研究设置异质性信息，投资者选择是否在实验开始前分享他们的信息来观察哪些是市场中信息聚合条件（Barreda-Tarrazona et al.，2017）。尽管有充分的证据，但是投资者之间内部信息的分布和市场行为之间的内在关联关系仍然是一个有待解决的问题，而这正是本书关于投资者行为研究的关注重点。

除了私有信息的研究，还有一个研究方向是对市场中的公共信息的研究。通过设立一个投资者可获得私有信息和公共信息以及内在价值的模型，发现公共信息是主要的市场驱动力（Morris and Shin，2002），探究公共信息在市场环境中的作用（Chen et al.，2014）。有的研究采用一系列的实验室实验发现，当被试者可以分享他们在一个网络中的私人信息时，人们在更新信念时会忽略冗余的信息，而对相关信息来源过度敏感，这说明相关新闻可能导致价格扭曲（Ferri and Morone，2008；Enke and Zimmermann，2013）。有的研究测试投资者是否过多地依赖公共信息而不对公共信号准确性做要求（Alfarano et al.，2015）；有的研究表明公共信息挤兑私人信息，即当公众信号被引入市场，投资者对私人信息的需求下降（Morris and Shin，2002）；有的研究表明实验室金融市场中金融传染与信息假象的关系（Noussair and Xu，2015）；还有的研究分析了征收托宾税（Tobin Tax）的经济后果，认为市场波动不受税收的影响（Hanke et al.，2010），并发现托宾税对市场波动的影响取决于是否存在做市商（Kirchler et al.，2011）。

2.1.2.3 "羊群行为"

已有文献中对各种环境下的投资者"羊群行为"进行了研究，并分析由此对投资决策的影响，包括证券投资、行业研究、公司债券、新兴市场中的"羊群行为"。这些研究发现，很少有投资者在均衡状态下提供重要信息，高度不确定环境会导致投资者的过度"羊群行为"（Sias，2004；Choi and Sias，2009；Cai et al.，2019；Demirer et al.，2010）。

一方面，一些文献研究了"羊群行为"与社会学习之间的关系。有的研究利用具有内生时间和许多（即两个以上）投资者的投资模型，研究投资者被赋予了外源信息后的投资行为。在这些模型中，动作和信号都是二进制的，博弈要么立即结束，要么在第一个投资行为之后结束（Chamley and Gale，1994）。有的研究探讨了卖方证券分析师行业中的"羊群行为"，例如，对盈利的预测和对股票交易的建议，或者贸易环境中的溢出效应和羊群效应。也有的研究在两个投资者模型中考虑到内生时间安排，并发现了在两个投资者中没有捕捉到动作之间的延迟、早期行动者对聚类的影响以及人群中的"羊群行为"等现象（Clement and Tse，2005；Jegadeesh and Kim，2010；Dasgupta et al.，2011；Park and Sabourian，2011）。值得注意的是，几乎所有关于内生性时间安排的论文都依赖于外生性信息结构，但是内生性信息是当前环境的一个基本特征。还有的研究者将早期研究的结果扩展到更一般的支付结构，以检验是否最优投资具有信息溢出的时间安排（Murto and Välimäki，2013）。

另一方面，一些文献也研究了"羊群行为"与观察学习和信息获取之间的关系。有些学者研究了隐藏努力的动态"羊群行为"模型，即当投资人了解到可能的成功机会并接近最后期限时，会对比其他投资者在一段时间内业绩更高（Bonatti and Hörner，2011），行动越早的投资者对市场信息影响越大，且当其他因素较少时，"羊群行为"表现出更明显的时间延迟现象（Keskek et al.，2014；Merkley et al.，2017）。有学者考虑了 IPO 环境中的信息溢出效应及产生的"羊群行为"（Aghamolla and Guttman，2018），或者考虑了投资者可以获取信息并观察他人行为的模型（Ali，2018）。后者考虑了投资者行为固定的、外生的顺序，并检验了投资者获取昂贵信息的决策。而本书研究的行动时机是内生的，因此，本书研究了时机和信息获取之间的相互作用。

由上可见，"羊群行为"的时机、成本和努力的选择是这些研究共同关心的问题，但本书关注的是风险感知影响下的"羊群行为"，以及投资者获取信息的网络推动力。本研究的投资者可以通过延迟他们的行动来影响他们自己的"羊群行为"收益。这提供了当前设置中的附加功能，即"羊群行为"是单向的，当另一个投资者牺牲了其所有剩余的"羊群行为"机会时，该投资者才会有"羊群行为"。在本书设置中，信号和行为都是连续的，对称均衡总是不受行动延迟的影响，行动时间与投资者获取信息的努力有关。本书的模型与已有研究设置的不同点在于，本书假设投资者影响私有信息的状态变量，并参与信息获取。此外，本书考虑了社会学习的内生时间问题。因此，本书通过研究信息提供的过程、信息来源和动态到达过程，信息获取成本和精确性的权衡，以研究投资者行为如何受到风险感知影响，是对以上文献的有益补充。

2.1.3　金融市场实验

2.1.3.1　关于收益分配设置的研究

行为实验的一个重要原则是人们的行为是以经济激励为导向，实验参与者的行动目标是与特定任务相关联减少成本或者增加收益。有的研究对金融市场动态互动模式的研究（Kirchler and Huber，2007；Morone，2008），分析锦标赛合同影响市场绩效激励（James and Isaac，2000），并基于经济实验研究激励机制刺激投资者过度冒险（Wagner，2013；Bebchuk et al.，2010）、相对绩效的影响（Cheung and Coleman，2014），以及比较期权激励（即凸形激励）与投资者行为的线性激励以及市场动态（Holmen et al.，2014）。在前期研究基础上扩展工作，研究者发现相比面临处罚激励，被试者表现出更多保守的投资行为，更喜欢持有现金（Kleinnercher et al.，2014），并发现投资者增强有限责任下的流动性准备金会产生更大的资产泡沫，这表明更高价格的内生流动性准备金可能增加交易量（Baghestanian et al.，2016）。

2.1.3.2　投资者异质性研究

在现实世界中，金融市场会产生典型的泡沫—破碎模式（Smith et al.，1988）。研究结果显示，泡沫对其社会人口统计学很敏感。投资者特征、种族同质化的市场比投资者来自不同种族的市场产生了更大的泡沫和更严重的崩溃，而不管这一种族是人口多数或少数（Levine et al.，2014）。有的学者认为，种族同质的市场投资者对他人的决定过度自信，而在不同质投资者的市场上，投资者会对他人决定进行仔细审查。有研究表明，女性投资者的比例与错误定价程度呈负相关（Eckel and Fullbrunn，2015）。但是，有研究找到相反的结果，混合性别市场错误定价明显高于同种性别的市场（Cueva and Rustichini，2015）。

实验中最一致的可重复的结果之一是：重复参与相同的市场最终可以消除错误定价（Smith et al.，1988；King，1991）。对于这个结果有一些研究进行了检验：例如改变市场参数可能会再次引入错误定价（Hussam et al.，2008），或者在某些内在价值制度下内在价值调整速度更快（Noussair and Powell，2010）。有大量经验证据表明，对被试者进行必要的训练，使他们理解市场和价格机制，对于价格有效性至关重要。

截至目前，虽然有研究证据清楚地表明经验能抑制价格泡沫的形成，但是在传统市场设置中，所有投资者获得经验的速度相同，而在现实世界中获得市场经验是多样化的。因此，一些研究考虑了"流入效应"并创造出有着异质性经验投资者的市场。在这些市场中，定期将一部分投资者更换为缺乏经验的投资者，结果表明，市场即使只有一小部分有经验的投资者，也能有效地工作（Dufvenberg et al.，2005），而当缺乏经验的投资者进入市场时，有经验的投资者起到稳定价格的作用（Akiyama et al.，2014）。但是，这个结果对以前有成功经验的投资者是敏感的。价格泡沫使有经验的投资者在市场早期获得极端的（最高和最低的）收益的机会比较大（Gladyrev et al.，2014）。在一个多迭代背景下，每一期新进入市场的投资者带来更多流动性，而每次市场中已有的投资者退出市场时都会发生市场崩溃和提取现金的现象（Deck et al.，2014）。投资者的流入和现金的流入，两者似乎都是引发市场低效的必要条件（Kirchler et al.，2015）。

已有的许多研究认为，在标准实验室金融市场观察到非零交易额是由于投资者的风险和损失偏好，但这方面的经验证据相当稀缺和混杂。有研究发现，投资者的平均风险规避乘以市场影响力与市场价格偏离内在价值的定价错误程度之间有显著的负相关关系，但与市场中其他影响内在价值的因素没有明显相关性（Breaban and Noussair，2015）。有的研究结果表明，竞争参与者越多的市场产生的泡沫越明显，而参与者的人格特征对错误定价没有影响（Eckel and Fullbrunn，2015）。有的研究通过田野实验和实验室金融市场实验的对比，分析了投资者行为和市场动态的关系（Andraszewicz，Wu and Sornette，2020）。

已有的关于实验室金融市场的研究表明，市场效率随着投资者对市场规则和结构的理解力的提高而提高。人们一般认为，具有更好认知能力的投资者更容易理解市场规则和结构。认知反射测试（CRT）是衡量投资者认知能力的一种方法（Lei and Vesely，2009；Huber，Angerer and Kirchler，2012）。有研究证据表明 CRT 平均得分越高的投资者的收入越高（Rustichini，2015）。一项专门研究认知复杂性的研究，通过一系列复杂任务的衡量，认为只由低水平的投资者组成的市场上认知复杂性会比只由高水平的投资者组成的市场更明显，产生的错误定价也更大。此外，研究者发现在低水平和高水平认知能力投资者混合的异质性市场中，认知复杂性导致更大程度的错误定价（Bosch Rosa et al.，2015；Hanaki et al.，2015）。

2.1.3.3　泡沫、崩溃和投资者的情绪

本文对泡沫的定义为"大量价格与内在价值相偏离的交易"（King et al.，1993）。金融市场产生泡沫的倾向被史密斯等（Smith et al.，1988）首次发现，并在后来的研究中得到证实，该实验也是本书研究实验室实验的基准实验。在一个多期金融市场中，各投资者获得相同的资产分红比例。该研究发现，价格曲线偏离资产内在价值，展示出"繁荣"和"崩溃"阶段。史密斯等（Smith et al.，1988）的研究结果，有力地解释了市场中的泡沫和伪平衡，根据该结果，泡沫产生的原因是预期产生资本收益的可能性。因为一个理性投资者相信不理性投资者愿意以高于公允价值或者高于基本面的价格购买资产，因此，他希望以较高的价格将资产转售给非理性投资者或者对一个有牛市预期的理性投资者。

回顾近年来金融市场实验研究结果，与史密斯等开创性市场设计相比发

生了若干变化。例如，有的研究对泡沫和崩溃进行了准确地研究（Palan，2013a、2013b）。有的研究结果在随后的研究中得到进一步的发展（Palan，2013a），尤其是关于泡沫和卖空能力之间关系的研究（Haruvy and Noussair，2006）。有的研究发现，为了防止价格超过内在价值，卖空并不能最终解决错误定价问题（Haruvy and Noussair，2006）。还有的研究发现拓展了关于资产与现金比率对泡沫的影响（Noussair and Tucker，2016）。对比早期的发现，当内在价值随着时间的推移而下降时，现金储备会增加，且价格会上涨，这说明在基本值恒定的情况下，现金不会对泡沫产生任何影响（Kirchler et al.，2012）。有研究者认为，即使基本值随着时间的推移是恒定的，如果现金在市场开盘前给出，高现金持有量与高资产价格正相关。当基本值是常数时，除了现金持有量之外，现金注入的时机也是关键。尤其是在资产生命周期的后期，现金注入后，对泡沫的影响作用不那么明显（Noussair and Tucker，2016）。当研究者扩展先前关于被试者困惑与泡沫之间关系的研究发现，当内在价值以图标的形式提供给被试者时能减缓泡沫的发生（Baghestanian and Walker，2014），并且投资者过度自信和泡沫产生之间有正相关关系（Michailova and Schmidt，2016），有的研究者比较了被动投资者和主动投资者对缓解泡沫发生的作用（Cason and Samek，2015）。在该实验设计中，被动投资者不做决定，只与来自不同的"先前"市场的投资者相匹配，观察相同信息，并且收到与"先前"市场投资者相同的收益。研究结果发现，被动参与减少了后续市场的错误定价。

有研究发现，对减少错误定价起到至关重要的作用的是其他投资者在市场过程中得到的训练，而不是培训基础知识。与没有培训的情况相比，仅让被试者培训了解公允价值，错误定价没有明显不同。相反，如果培训内容为金融常识，将大大减少错误定价（Cheung et al.，2014）。有学者设计实验研究个人持有资产对泡沫和崩溃的影响。研究表明，设置永久性资产持有量上限可在交易早期减少正泡沫，但往往在交易后期产生负泡沫。如果设计得当，资产持有上限可以消除泡沫（Lugovsky et al.，2014）。还有学者通过债券市场实验研究定价，结果发现，只有在缺乏经验的投资者中能观察到债券

价格的泡沫。对泡沫和崩溃现象的另一种解释是一些投资者采用的投机动机
（Weber et al.，2016）。在这方面，根据狄龙等（DeLong et al.，1990）的模
型，通常将市场参与者分类为内在价值投资者、趋势投资者和理性的投资
者。错误定价的差异在很大程度上可以用市场中这种投资者策略类型的分布
不同来解释（Haruvy et al.，2014）。最近的研究已经表明，交易策略往往与
投资者的风险和损失偏好及认知能力有关（Baghestanian et al.，2015）。

　　另一个产生经济泡沫的原因是投资者情绪。一些研究从经典的史密斯
（Smith，1988）研究出发，并以不同方式刺激市场参与者。有学者使用视频
剪辑诱导开市前的投资者情绪（Andrade et al.，2016），而有的研究采用更
大范围的情绪诱导，向投资者展示包括刺激、中性情绪、恐惧或悲伤等情绪
的视频。结果发现，观看令人兴奋的视频剪辑的被试者比观看中立、恐惧或
悲伤视频的被试者组成的市场平均泡沫更大（Lahav and Meer，2010）。有的
研究使用实时情绪跟踪，通过面部阅读软件，对参与者面部表情在市场运行
之前和运行时进行监控。类似先前的发现，积极的情绪与价格正相关，价格
过高和恐惧导致价格下降（Breaban and Noussair，2015）。有学者调查了定价
和自我控制能力的变量的关系。实验通过两种市场环境执行。在其中一个市
场中，投资者的自我控制不减少（控制市场）；而在另一个市场（实验市
场）中，自控能力低下会导致过度兴奋的行为和定价错误问题（Kocher
et al.，2016）。有学者通过金融市场实验，对金融传染和财富的影响力做了
研究（Bayona and Peia，2020）。另外，研究发现，信息发布影响市场效率，
市场参与者之间存在常识有利的刺激投资者市场效率（Keser and Markstadter，
2014）。

2.1.4　复杂网络仿真

　　复杂网络仿真技术是本书用到的重要研究方法和工具。本书的复杂网络
构建在人工金融市场平台之上，通过引入小世界网络和无标度网络（Watts
and Strogatz，1998；Barabasi，1999）两种网络结构，建立一个模拟现实世界

中的人与人之间线上和线下不同的交流形式。小世界网络和无标度网络因为能从不同的适用场景和理论模型出发，解释自然界和社会中的系统和网络现象，受到研究者的关注。本节将回顾近年来研究者利用小世界和无标度网络进行的经济学和社会学研究文献中两种网络的不同结构和特征，对于本书复杂网络结构的设计和应用具有重要的借鉴意义。

2.1.4.1 小世界网络

小世界网络结构特点在现实世界中经常可以见到，如铁路网络、食物链以及电网。小世界网络具有两个特点：一是网络中节点之间连接的平均长度呈节点数的对数增长；二是节点之间具有聚类性，使网络中节点有不同的影响力。小世界网络的这些特点使其能够处于一种不断变化的动态过程中。

对于小世界网络的第一个特征，研究者将它用于网络结构的研究。有的研究通过确定统一递归树模型（DURT）的拓扑特征和光谱属性，构造了一个小世界网络。有别于现有 DURT 模型，该研究在迭代过程中加入新的边，并对模型中的拓扑特征给出解析解（Lu and Guo，2012）。张古鹏（2015）利用不同开发程度的网络，研究了创新集群动态演化过程和创新网络结构。李锋、魏莹（2019）以经典的病毒式信息传播 SIR 模型为研究对象，通过仿真模拟计算了小世界网络算法中不同参数设置对信息扩散的影响。有的学者研究了多社区同质化小世界网络的基本特征，通过遗传算法和参数设置拓展了网络结构，说明了网络模型中各社区网络是相对独立的拓扑网络结构特征，相较于传统的同质小世界网络结构，该网络结构中的互惠性明显增加（Tanimoto，2016）。

对于小世界网络的第二个特征，文献中用于网络变化环境下的研究。有的学者采用动态小世界网络研究了多数获胜投票机制，建立了一个多数获胜投票的二维动态小世界网络的临界行为模型，发现动态和静态网络模型具有相同的类（Stone and Mckay，2015）。有学者研究了神经网络中小世界构架的动态独立成长性，发现神经网络的连接节点分布和时间独立性导致神经网络成长，形成小世界网络（Gafarov，2016）。有学者在一维规则网络的基础上，设计了一个基于细胞自动机理论的新型小世界网络，其平均度与原始规则网络的平均度相等（Ruan and Li，2016）。有学者发现，多数获胜投票机制中，噪声为双峰分布的小世界网络模型（Vilela and Souza，2017）。有学者建立了一个家庭稀疏网络空间。该模型扩展树的数量可以直观地观察到，并且网络中的个体空间都具有指数标度和小世界的特征（Ma and Yao，2018）。有学者采用随机沙堆模型研究了一维和二维的小世界网络的规则晶格网络演化过程，以及规则晶格结构的维度作用（Bhaumik and Santra，2018）。还有学者研究了二维小世界神经网络的无标度行为和自组织临界状况。人类大脑是由神经网络自组织的临界状态开始工作的。作者采用阈值点火和不应期方法作为模拟神经网络的关键特征，研究了 BS 类神经网络节点的二维小世界神经网络（Zeng et al.，2020）。

2.1.4.2　无标度网络

无标度网络的特点是，相较于小世界网络，无标度网络是一种基于拓扑算法生成的网络，网络中节点之间连接的随机性更强，网络的稳定性较弱。基于无标度网络的这一特点，有的研究者利用无标度网络模拟现实社会中的新闻、谣言、病毒的随机传播，有的研究构建了一个创新的动态无标度网络，用于研究网络恶意软件的传播性。文章采用网络拓扑结构，分析了网络恶意软件的影响，构建了一个动态无标度网络模型模拟网络的发展（Liu and Zhong，2018）。有学者采用动态 SEIRS 模型研究有时间滞后的无标度模型。该模型创新地将时间滞后性引入无标度网络中，并通过数值模拟和敏感性检验证明了其稳定性。文章着重研究了统一免疫和目标免疫两种情况，结果表明，时间滞后性在无标度网络的病毒传播过程中起到重要作用（Yang and Wang，2019）。有学者将心理因素应用到无标度网络中研究社会谣言的传播动力。该研究采用一个创新的 SHPRS 谣言传播模型，检验了均衡的稳定性和网络谣言传播的持续性，研究结果表明，犹豫和遗忘率会影响留言的传播和流言流行的程度（Xu et al.，2019）。有的研究针对网络社会信息的无标度网络传播动态模型，提出了一个 ICST 模型。研究结果表明，评价机制和有效评价率能影响信息的传递，以及适应性权重能影响信息传递和持续性水平（Liu et al.，2019）。

另一些研究者将小世界网络和无标度网络进行对比，或者交叉应用，以便于模拟仿真不同的网络状态下。有的研究从网络运行和拓扑特征的角度研究两种网络中的社区结构，讨论了一些网络运行结构以及产生出的更贴近现实的网络模型（Ma and Yao，2017）。有学者通过最大化熵过程研究了随机网络，认为随机无标度网络是典型的"脆弱型"网络（Zhang，Small and Judd，2015）。有学者解决了无标度网络中的多重随机游走中的独立节点问题。该研究结果证实了现实世界中的无标度网络的特征（Kumar，Goswami and Santhanam，2019）。

近年来，国内学者利用无标度网络的研究逐渐增多。刘海飞等（2015）通过仿真模拟，研究不同市场网络在沪港通试点和正式开通前后的四个阶段的抗攻击性的情况，进而研究中国股票市场的稳定性。李政、梁琪和涂晓枫（2016）基于信息溢出的视角，构建了中国上市金融机构之间的关联网络，研究发现，中国金融机构的关联网络具有"小世界现象"和"无标度特性"等复杂网络性质。鲍勤、孙艳霞（2014）基于不同的银行间资产负债关系建立了银行间网络，研究结果表明，相比于完全连接网络，中心—边缘的层级网络将增大金融风险传染的范围和程度。欧阳红兵和刘晓东（2015）通过对银行间同业拆借市场进行了实证分析，证明复杂网络方法的有效性和稳健性，认为最小生成树方法为系统性风险传导的潜在路径识别，以及系统性风险的宏观审慎监管提供了直观而有效的手段。肖欣荣、刘健和赵海健（2012）通过投资者网络模型量化分析了机构投资者行为传染以及资产价格"异象"，揭示了基金"羊群行为"的内在形成机制，检验了基金网络结构对重仓股票动量或反转效应的影响。

2.1.5　文献述评

综合以上文献内容发现，现有的研究认为风险感知是风险管理的重要研究内容。关于风险感知的研究最初应用于应急管理和组织管理方面，随后逐渐被金融学者引入行为金融学的研究中。通过文献梳理发现，现有金融学研究中关于风险感知的研究主要分为三类：投资者风险感知的影响因素；风险感知与其他有关风险概念（如风险规避、风险偏好）的关系；风险感知对投资者决策的作用机制。

本书将风险感知考虑到投资者行为的研究中，是风险感知对投资者决策作用研究的深入探讨。投资者行为有非常丰富的内涵，本书关于投资者行为的研究集中于投资者反馈行为、信息不对称中的投资决策和"羊群行为"。本章从投资者行为的三个主题入手，梳理了关于投资者行为的文献，为接下来的研究奠定了理论基础。

此外，在研究方法和研究手段的选择上，本书认为，实验室金融市场实验和复杂网络仿真模拟的方法能较好地完成本书的研究工作。为了更好地应用这两种研究方法和工具，本书对实验室金融市场实验和复杂网络模拟仿真方法的相关文献进行了梳理，为本书的方法应用提供了参考方法。

通过回顾运用实验室实验方法研究金融市场性能的主要文献发现：（1）为了使相关变量可观测和可重复，将金融市场的理论框架和实证研究方法相结合的实验性研究方法，已经被广泛采用并取得了丰硕的成果。（2）已有研究包括信息导入和传播、公共和私人信息、内在价值模式、投资者理性、投资者认知和投资者情绪等方面，但是对投资者风险认知的研究还比较缺乏。（3）实验研究中对于风险偏好、风险规避、风险规避等投资者的个人决策因素的分析测量较丰富，但缺乏对风险感知心理特征的细致研究。（4）金融市场实验从投资者行为的角度，对价格泡沫产生—破碎背后的原因有诸多解释。

本书将采用连续双向竞价交易机制的金融市场框架，设计两组有高低不同风险感知的实验金融市场，对比分析两组市场的交易数据，进而研究风险感知对投资者行为的影响。这不仅有利于揭示风险感知的心理认知机制和对投资者交易决策的作用机制，丰富金融市场资本定价的研究，也拓展了投资者关于风险的行为研究的内涵；同时，了解风险感知偏差为更好地揭示金融市场"悖论"提供了实验研究证据。

已有文献通过小世界网络和无标度网络来描述和模拟疾病传播、谣言传播、家庭稀疏网络空间以及大脑思维活动。但是，将复杂动态网络技术应用于人工金融市场的研究还较缺乏；特别是如何通过"智能体"（agent）之间交互学习和策略优化，提升投资收益和个人财富，从而提升其在网络中的影响力和交往能力的研究较少。

2.2　基础理论与模型

2.2.1　风险感知

设 $\mathbf{x}'$ 是"纯"赌值，X' 表示市场中的总"纯"赌值。假设 x' 属于 $\mathrm{X}' \in \mathrm{P}^G$。对于（$\mathrm{w}$, x'）$\in \mathrm{X}_1 \times \mathrm{X}_2$，二元风险函数 $\mathrm{U}_R(\mathrm{w}, \mathrm{x}')$ 可以被分解为：

$$\mathrm{U}_R(\mathrm{w}, \mathbf{x}') = \mathrm{g}(\mathrm{x}) + \nabla(\mathrm{w})\mathrm{u}_R(\mathrm{x}') \tag{2-1}$$

假设 1：对于 X'，$\mathrm{Y}' \in \mathrm{P}^0$，如果 $\mathrm{w}_0 \in \mathrm{Re}$，存在（$\mathrm{w}_0$, X'）$> \overline{\mathrm{R}}$（w_0，Y'），那么对于所有的 $\mathrm{w} \in \mathrm{Re}$，都存在（$\mathrm{w}$, X'）$> \overline{\mathrm{R}}(\mathrm{w}$, $\mathrm{Y}')$。

当且仅当假设 1 的独立条件满足时，式（2-1）成立，这里，$\nabla(\mathrm{w}) > 0$。这里的独立条件与多属性效用理论中的效用独立性类似。

将期望引入式（2-1），得到：

$$\mathrm{R}_p(\overline{\mathrm{X}}, \mathrm{X}') = \mathrm{E}[\mathrm{U}_R(\overline{\mathrm{X}}, \mathrm{X}')] = \mathrm{g}(\overline{\mathrm{X}}) + \nabla(\overline{\mathrm{X}})\mathrm{E}[\mathrm{u}_R(\mathrm{X}')] \tag{2-2}$$

其中，$\mathrm{R}_p(\overline{\mathrm{X}}$, $\mathrm{X}')$ 表示预期赌均值。

假设 2：当且仅当 $\mathrm{R}(\mathrm{X}') > \mathrm{R}(\mathrm{Y}')$，对于 X'，$\mathrm{Y}' \in \mathrm{P}^0$，（0, X'）$>$ $\overline{\mathrm{R}}(0$, $\mathrm{Y}')$。

根据假设 2，当且仅当 $\mathrm{X}' > \overline{\mathrm{R}}\mathrm{Y}'$，或者 $-\mathrm{E}[\mathrm{u}(\mathrm{X}')] > -\mathrm{E}[\mathrm{u}(\mathrm{Y}')]$ 时，有以下两个一致的顺序：

$$g(0) + \nabla(0)E[u_R(X')] > g(0) + \nabla(0)E[u_R(Y')]$$

或者：

$$E[u_R(X')] > E[u_R(Y')]$$

因此，u_R 必须是 $-u$ 的正线性变换，并且式（2-2）可以写作：

$$R_p(\overline{X}, X') = g(\overline{X}) + \nabla(\overline{X})R(X') \qquad (2-3)$$

即感知风险模型。

假设3：对于任何常数 $\Delta > 0$，如果 $(\overline{X}, X') \in \mathbf{P}$，$(\overline{X}, X') > R(\overline{X} + \Delta, X')$。

基于假设3，有：

$$g(\overline{X}) + \nabla(\overline{X})R(X') > g(\overline{X} + \Delta) + \nabla(\overline{X} + \Delta)R(X')$$

或者：

$$-[\nabla(\overline{X} + \Delta) - \nabla(\overline{X})]R(X') > g(\overline{X} + \Delta) - g(\overline{X}) \qquad (2-4)$$

对式（2-4）的两边进行转换，得到风险感知测量条件：

$$g'(\overline{X}) < -[\nabla'(\overline{X})]R(X')$$

假设4：对于任何 $w \in Re$，$(w, 0) \sim \overline{R}(0, 0)$。

根据假设4和式（2-3），得到：

$$[g(\overline{X}) + \nabla(\overline{X})]R(0) = 0$$

或者：

$$g(\overline{X}) = -[\nabla(\overline{X})]R(0) \qquad (2-5)$$

用式（2-3）替代式（2-5）得到风险感知测量公式：

$$R_p(\overline{X}, X') = \nabla(\overline{X})[R(X') - R(0)] \qquad (2-6)$$

图2-1是贾（Jia，1999）等对风险感知的测量结果，从图中可以看出，投资者在投机得到正负不同的结果时，反应是不同的。结果为正收益时，风

险感知不会随收益的增加而明显增加；而当结果为损失（负值）时，风险感知会随时间增加而明显增加。

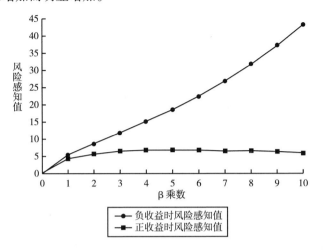

图 2 - 1 在正收益和负收益下的风险感知

资料来源：Jia，Dyer & Butler（1996）.

2.2.2 投资者行为

2.2.2.1 信息的传递和市场反应

对市场中信息传递和市场反应的实验结果主要反映了两种心理规律：过度自信和归因偏见。研究表明，相比严重依赖客观分析的任务而言，需要主观判断的扩散性任务，过度自信心理更为严重；相比提供即时和结论性结果反馈的任务，延迟反馈的任务中过度自信心理更为严重。证券的基本估价，即预测长期现金流需要对开放式问题做出判断，反馈是嘈杂和延迟的。因此，过度自信对金融市场中的信息传递产生重要影响。

另外，投资者具有偏向性自我归因：当公众信息与投资者的信息一致时，投资者对自我判断的信心会增加；但当公众信息与投资者的信息不一致时，投资者的信心不会相应下降。

在大型金融市场上，过度自信或轻视态度会很大程度削弱有限理性，但不会随着市场规模的增加而增加。假设有一个不随投资者数量 n 增加的信号数量 m，每组投资者人数与信息数目比为 n/m，增加市场规模时，观察到不同的信号不会使信号的平均值更具信息性。

假设在一个静态的自信模型中存在大量过度自信的投资者，当投资者收到一个信号会高估它的精确性。假设知情者 I 是风险中性的，未知情者 U 是风险规避的。每个人都持有风险资产和无风险的现金。在第 0 天，投资者从市场中获得初始信念，并仅购买最佳的风险资产。第 1 天投资者收到私人信息为 $s_1 = \theta + \epsilon$，其中，噪声项 $\epsilon \sim N(0, \sigma_\epsilon^2)$，因此，信号精度为 $1/\sigma_\epsilon^2$。不知情投资者 U 正确地评估了误差方差，但知情投资者 I 低估了误差方差，即 $\sigma_c^2 < \sigma_\epsilon^2$。同样，第 2 天的公共信号为 $s_2 = \theta + \eta$，其中，非理性项 $\eta \sim N(0, \sigma_p^2)$，独立于 θ 和 ϵ。其方差 σ_p^2 为所有投资者的正确估计。

因为知情投资者是风险中性的，所以每一时刻的价格都满足：

$$P_1 = E_c(\theta \mid \theta + \epsilon) \tag{2-7}$$

$$P_2 = E_c(\theta \mid \theta + \epsilon, \theta + \eta) \tag{2-8}$$

其中，下标 c 表示期望运算符，根据知情投资者的自信信念计算得出。同前，$P_3 = \theta$。根据正态变量的标准性质有：

$$P_1 = \frac{\sigma_\theta^2}{\sigma_\theta^2 + \sigma_c^2}(\theta + \epsilon) \tag{2-9}$$

$$P_2 = \frac{\sigma_\theta^2(\sigma_p^2 + \sigma_c^2)}{D}\theta + \frac{\sigma_\theta^2 \sigma_p^2}{D}\epsilon + \frac{\sigma_\theta^2 \sigma_c^2}{D}\eta \tag{2-10}$$

其中，$D \equiv \sigma_\theta^2(\sigma_p^2 + \sigma_c^2) + \sigma_c^2 \sigma_p^2$。

2.2.2.2　投资者过度反应和反应不足（DHS 模型）

将投资者过度自信理论与投资者对信息的过度反应和反应不足相结合进行分析。首先，从长期来看，由于个体投资者私人信息而产生的价格变动平均值会部分逆转。其次，公众信息到达后的价格变动与之后的价格变动有着密切的关系。假设可能选择两个连续的日期，则整体自相关为负。如果投资者风险感知低于实际风险值，价格变化与短时间和长时间的滞后都是无条件的负相关。那么，常置信模型符合长期反转趋势，但不符合短期动量趋势。而在脉冲响应函数的极值足够平滑的情况下，短滞后自相关是有意义的，因为在平滑极值周围价格变化的负自方差绝对值很低。

当投资者对新闻或信息反应不足时，假设投资者听到某个特定消息，将第 t 期的消息称为 z_t。可能是好消息，即 $z_t = G$，也可能是坏消息，即 $z_t = B$。如果投资者对风险是规避的，那么在公布好消息后的一段时间内，公司资产的预期平均回报率高于公布坏消息之后的一段时间内的预期回报平均率，即：

$$E(r_{t+1} \mid z_t = G) > E(r_{t+1} \mid z_t = B) \qquad (2-11)$$

与"反应不足"定义类似，"反应过度"定义为当一系列好消息公布后的平均回报低于一系列坏消息公布后的平均回报时，会发生反应过度。使用与之前相同的符号，即：

$$E(r_{t+1} \mid z_t = G, Z_{t=1} = G, \cdots, Z_{t=j} = G) < E(r_{t+1} \mid z_t = B, Z_{t=1} = B, \cdots, Z_{t=j} = B)$$

$$(2-12)$$

以上不等式表示在一系列的好消息公布之后，投资者变得过于乐观，对消息反应不足，认为未来的消息公布也将是好消息，导致股价过高。但是，随后发布的消息与他的乐观预期相矛盾，回报率下降。关于长期总指数收益可预测性的实证研究非常多，这些研究的核心观点是：在 3～5 年的时间，大多数市场的资产存在着相对轻微的负回报率。

因此，反应过度与反应不足一样，具有十分可靠的规律。这些规律都难与有效市场假说相协调。但是，这两种规律都支持行为金融学的观点，提供形成能够支持实证证据的"投资者信念"模型。

基于有偏见的自我归因和结果依赖性信心的这两种心理因素形成过度自信的表现。如奥迪恩（Odean，1998）所述，私人信号 $[var(P_1 - P_0)]$ 减少第 2 天的价格差异。但是，更大的过度自信会减少或增加公共信号的价格波动 $[var(P_2 - P_1)]$。如果不以私人或公共信息到达为条件，在计算价格变化差异时，对价格变化 $P_1 - P_0$、将第 t 天超额波动率定义为：

$$V_t^E \equiv \frac{var(P_t - P_{t-1}) - var_R(P_t - P_{t-1})}{var_R(P_t - P_{t-1})} \qquad (2-13)$$

其中，下角标 R 表示所有投资者都是理性时的波动率。

那么，过度自信会增加个人风险感知的波动性，增加或减少公共信号的波动性，并增加非独立波动性。

另外，私人风险感知的过度波动比例大于公共风险感知的过度波动比例。

因此，风险感知过度波动不是所有不完全理性模型的必然结果。例如，如果投资者信心不足，$\sigma_C^2 > \sigma_\epsilon^2$，那么相对于理性水平而言，个人风险感知不足。此外，在按事件类型细分的样本中，可能存在风险感知过度或感知不足的波动性。

2.2.2.3　投资者策略（BS 模型）

异质性投资者策略之间既有相互竞争又有联动学习与更新。作为了解投资策略更新对资产价格影响的第一步，使用价格公式生成一些脉冲响应函数。图 2-2 显示了定义的 X 与 Y 风格的 $P_{X,t}$ 和 $P_{Y,t}$ 的价格如何随时间变化。在模型中：

$$\varepsilon_{i,1} = 1, \ \varepsilon_{i,t} = 0, t > 0, \ \forall i \in X \qquad (2-14)$$

$$\varepsilon_{j,t} = 0, \ \forall t, \ \forall j \in Y \qquad (2-15)$$

图 2-2 中上半部分的实线跟踪 $P_{X,t}$，存在投资更新时策略 X 的值。上半部分的虚线是通过公式定义的策略 X，以及 $P_{X,t}^*$ 的基本值。如图 2-2 显示，在有投资策略更新者的情况下，对 X 型资产的现金流冲击会导致 X 型的资产价格与其内在价值长期偏离，即关于 X 的现金流好消息推高了它的价格。这种特性引起了策略更新者的注意，他们在接下来的一段时间内增加了对 X 资产的需求，又推高了 X 的价格，吸引了更多的投资策略更新者。之后在没有任何好的现金流消息的情况下，投资策略更新者对 X 风格的兴趣最终会减

弱, 价格回到内在价值。

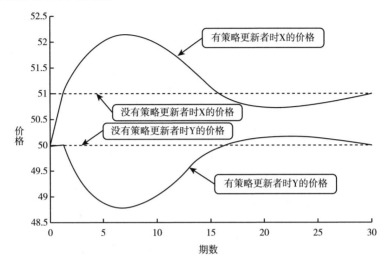

图 2 - 2　投资策略更新对价格的影响

资料来源: Barberis & Shleifer (2003).

事实上, 投资策略更新者的投资决策是基于相对而不是绝对的历史业绩更新的价格预测策略。图 2 - 2 表明, 对 X 的现金流冲击不仅影响 X 的价格, 也影响 Y 的价格。即使没有关于 Y 的消息, 关于 X 的好消息将资金吸引到投资 X。由于投资策略更新者希望保持利于资产稳定的总体配置, 使 Y 相对于 X 更差, 并导致投资策略更新者更多地赎回资金, 那么 X 的外部性会分散。如果投资者通过单独从一种策略的变异因子中提取净收益而转变为另一种策略, 那么外部性会集中, 并且更容易被发现。另外, 还可以观察新闻对资产特定现金流的冲动反应。假设资产 1 属于 X 策略投资; 在时间 1 经历了一次性现金流冲击。在本书的表示法中, 对于:

$$\varepsilon_{i,1} = 1, \varepsilon_{i,t} = 0, t > 1 (i = 1) \tag{2-16}$$

$$\varepsilon_{i,t} = 0, \forall t, (i = 2, \cdots, 2n) \tag{2-17}$$

由于投资策略更新者对证券的需求以一种策略形式表达, 所以同一策略的资产价格比资产的现金流要高。如果策略 X 过去表现出色, 那么策略更新者会在策略 X 的所有证券上进行更多的投资, 将它们的价格推高。协调需求产生的联动超过了现金流消息所引起的。可以证明，如果两个投资者 i 和 j，i≠j，属于同一投资策略，则：

$$corr(\Delta P_{i,t} - \Delta P_{M,t}, \Delta P_{j,t} - \Delta P_{M,t}) > corr(\varepsilon_{i,t} - \varepsilon_{j,t} - \varepsilon_{M,t}) \qquad (2-18)$$

其中：

$$\Delta P_{M,t} = \frac{1}{2n} \sum_{I=1}^{2n} \Delta P_{i,t}, \varepsilon_{M,t} = \frac{1}{2n} \sum_{I=1}^{2n} \varepsilon_{M,t} \qquad (2-19)$$

在模拟市场中，市场调整收益的相关矩阵为：

$$corr(\Delta P_{1,t} - \Delta P_{M,t}, \cdots, \Delta P_{2n,t} - \Delta P_{M,t}) = \begin{pmatrix} R_0 R_1 \\ R_1 R_0 \end{pmatrix} \qquad (2-20)$$

2.2.3　社交网络

假设 $V = \{v_1, v_2, \cdots, v_n\}$ 是一个有限集，并且 $E_i = \{v_{i_1}, v_{i_2}, \cdots, v_{i_j}\}$ $(v_{i_k} \in V, k \in N^*)$ 是 V 的一个非空子集，那么 $E^h = \{E_1, E_2, \cdots, E_m\}$ 代表一组动态连接边。数组 $H = (V, E^h)$ 即表示这个动态复杂网络，用于刻画复杂网络随时间演变的系统结构。

社交网络是一个高度复杂且动态变化的网络。为说明其演化规律，假设一个动态社交网络模型包括节点和连接节点的边。新节点接入网络的过程是一个泊松过程。此外，一组节点进入网络获得各自的社交能力 a_i 和影响力 ζ_i，这里的 a_i 和 ζ_i 分别服从正态分布 $F(a) \in N(\mu_1, \sigma_1^2)$ 和 $G(\zeta) \in N(\mu_2, \sigma_2^2)$。

在 t 时间上，一个新节点连接到第 i 组第 j 个节点上的概率 θ 是包含 $h_j(t, t_i)$、社交能力 a_i 和节点 i 的影响力 ζ_i 的函数。

$$\theta = \frac{a_i h_j(t, t_i) + \zeta_i}{\sum_{ij} [a_i h_j(t, t_i) + \zeta_i]} \qquad (2-21)$$

其中，t_i 表示节点 i 进入网络的时间点；$h_j(t, t_i)$ 表示 t 时点进入网络的第 j

组第 i 节点的复杂度。

假设网络的演化有三个过程：（1）选择建立一个社交网络关系，如家庭成员或者朋友；（2）放弃原有的关联关系，建立新的关联关系，如建立家庭成员之间新的关系；（3）引入新的成员加入网络，形成新的社交网络圈。根据以上描述，可以将社交网络的演化过程定义为以下步骤。

社交网络开始于一个包含 m_0 个节点的复杂动态网络中。

第一步，将一个子动态网络 m 以概率为 p 添加到原有的网络中。随机选择一个节点 j 与原有的 u 个节点相连，形成新的动态网络。其余节点与网络相连的概率为 θ。将该过程重复 m 次，并且没有新的边产生。

第二步，将子动态网络 m 再次以概率为 q 添加到原有的网络中，随机选择一个节点 i 和一个连接边 e_i 连接节点 i。删除连接边 e_i 并建立一个新的边 e_i^* 连接节点 i 和其他以概率 θ 随机选择的 u 个节点。将该过程重复 m 次，并且没有新的边产生。

第三步，一组 m_1 的新节点以 $1 - p - q$ 的概率添加到新的动态网络中，与以概率 θ 随机选择的 m_2 个已有的节点相连，形成新的网络。系统中新加入的节点数服从参数 λ 的泊松分布。

假设动态网络中的总节点数为 N(t)，那么根据以上定义的网络演化的三个步骤，可以得到以下的网络动态演化公式。

第一步，以概率为 p 将 $m(m < m_0)$ 添加到原有网络中：

$$\frac{\partial h_j(t,t_i)}{\partial t} = p\lambda m\left\{\frac{1}{N(t)} + u\,\frac{a_i h_j(t,t_i) + \zeta_i}{\sum_{ij}[a_i h_j(t,t_i) + \zeta_i]}\right\} \quad (2-22)$$

等式右边的 $\frac{1}{N(t)}$ 表示按照优先级连接机制，随机选择一个现有的节点可能性，$u\,\dfrac{a_i h_j(t,t_i) + \zeta_i}{\sum_{ij}[a_i h_j(t,t_i) + \zeta_i]}$ 表示随机选择余下 u 个节点的可能性，这里 u 是一个随机变量。

第二步，以概率为 q 将 $m(m < m_0)$ 添加到原有网络中，重新构造网络：

$$\frac{\partial h_j(t, t_i)}{\partial t} = q\lambda m \left\{ \frac{1}{N(t)} + u \frac{a_i h_j(t, t_i) + \zeta_i}{\sum_{ij} [a_i h_j(t, t_i) + \zeta_i]} \right\} \qquad (2-23)$$

同前，等式右边括号内的 $\frac{1}{N(t)}$ 表示按照优先级连接机制，随机选择一个

现有的节点可能性，$u \frac{a_i h_j(t, t_i) + \zeta_i}{\sum_{ij} [a_i h_j(t, t_i) + \zeta_i]}$ 表示当网络重新构建时，随机选

择余下 u 个节点的可能性。

第三步，新添加的节点以及网络中原有的 $m_2 (m_2 < m_0)$ 个节点，以概率
$1 - p - q$ 组成了新的社交网络：

$$\frac{\partial h_j(t, t_i)}{\partial t} = (1 - p - q)\lambda m m_2 \frac{a_i h_j(t, t_i) + \zeta_i}{\sum_{ij} [a_i h_j(t, t_i) + \zeta_i]} \qquad (2-24)$$

总结式（2-22）~式（2-24），可以发现，$h_j(t, t_i)$ 满足以下动态
公式：

$$\frac{\partial h_j(t, t_i)}{\partial t} = \lambda m \left\{ (p - q)\frac{1}{N(t)} + [(p + q)\mu + (1 - p - q)m_2] \right.$$

$$\left. \frac{a_i h_j(t, t_i) + \zeta_i}{\sum_{ij} [a_i h_j(t, t_i) + \zeta_i]} \right\} \qquad (2-25)$$

其中，$N(t)$ 代表 t 时点上网络中的总节点数。当 t 很大时，$N(t) \approx \lambda t$。

2.3　本章小结

本节首先从研究内容和研究方法两方面分别对风险感知、投资者行为、
实验室金融市场实验和复杂网络仿真四部分文献进行了梳理，发现尽管投资
者行为中的风险研究的文献很多，但是从风险感知的视角研究投资者行为的
研究还很少。本文从这一崭新的角度研究投资者行为，从投资环境是否有社
交网络的人际交往两个层次进行研究。对于无社交网络下考虑风险感知的投

资者行为研究，采用经典的实验室金融市场为基准实验，为投资者营造两种不同的风险感知环境，观察投资者的交易行为和心理活动。对于有社交网络下考虑风险感知的投资者行为研究，通过人工金融市场平台，按照现实中的金融市场交易机制，模拟投资者的行为特征，并引入复杂网络模型，模拟现实中的人际交往。两种方法各有优缺点，但是对应于研究内容，适合分别用于两种交易环境的模拟和获取数据。

| 第 3 章 |

无社交网络下考虑风险感知的
投资者决策行为

　　本章首先分析了投资者的决策过程，将投资过程分为三个阶段，并将投资者根据投资策略分为三种类型；其次分析了三类投资者的需求；再其次建立了投资者风险感知的测度模型；最后采用模糊算法刻画投资者预测交割的过程，通过这四部分的理论模型构建为接下来的实验室金融市场实验奠定理论框架。具体来说：第 1 节分别描述三类投资者以及各类投资者的决策过程；第 2 节根据投资策略的分类，分别对不同类型投资者风险感知下的投资需求进行分析；第 3 节刻画投资者风险感知测度模型；第 4 节构建模糊算法模型刻画在多期市场中风险感知下的投资者价格预测演化过程；第 5 节是本章小节。

3.1　投资者的决策过程

3.1.1　投资者类型及投资的三个阶段

考虑一个简单的市场模型，具有以下要素。

（1）两种资产种类：无风险资产和风险资产，如现金和股票。现金供应完全有弹性，但持有现金不会带来净收益。交易风险资产的净供应量为零，即交易是在投资者之间进行。

（2）假设该模型包括三种类型的投资者：第一，积极反馈投资者，又称为趋势投资者，用"M"表示。第二，知情理性投机策略投资者，又称为理性投资者，他们将效用最大化作为第 3 阶段的投资函数，用"RS"表示。第三，内在价值策略投资者，又称为内在价值投资者，在所有阶段他们的需求都仅与内在价值相关，用"F"表示。如果保持其中两类投资者的总数不变，可以得出改变第三种类型投资者数量的静态比较分析。如果单纯将某一类投资者加入市场，可检验市场的风险承受能力，观察价格波动和投资者行为。

（3）具有三个阶段（0、1、2 和 3）。在第 1 阶段释放关于证券内在价值 Φ 值的信号，Φ 值在第 2 阶段公开，Φ 的平均值为零，可以取三个值：ϕ、0 和 $-\phi$。在第 3 阶段，清算资产并支付相当于 $\Phi + \theta$ 的风险分红，投资者出清所有财富。θ 为随机波动项，呈正态分布，均值为 0，方差为 σ_θ^2。在第 3 阶段之前，投资者没有收到除风险信息之外的任何信息。下面来分析各阶段的投资者行为模型。

3.1.1.1 第 1 阶段

在第 1 阶段中，理性投资者收到一个关于第 2 阶段内在价值 Φ 的信号 $\varepsilon \in \{-\phi, 0, \phi\}$。考虑风险感知下的信号 ε 的两个不同假设。第一，风险感知可能是无偏误的：$\varepsilon = \Phi$。第二，风险感知可能是一个不确定信号，满足：

$$
\begin{aligned}
&\text{Prob}(\varepsilon = \phi, \Phi = \phi) = 25\% \\
&\text{Prob}(\varepsilon = \phi, \Phi = 0) = 25\% \\
&\text{Prob}(\varepsilon = -\phi, \Phi = -\phi) = 25\% \\
&\text{Prob}(\varepsilon = -\phi, \Phi = 0) = 25\%
\end{aligned}
\tag{3-1}
$$

在不确定信号的情况下，当投资者的信号 ε 是 ϕ 时，未来 Φ 的期望值

为 $\phi/2$；当投资者的信号 ε 为 $-\phi$ 时，未来 Φ 的期望值为 $-\phi/2$。在第 1 阶段，理性投资者的需求 D_1^r 为最大化均值—方差效用函数。

市场开始之初没有可接收的信号。因此，内在价值初始值设定为 0，并且没有交易。内在价值投资者采取低买高卖策略，在第 1 阶段采用与第 2 阶段相同的需求函数：

$$D_1^f = -\alpha p_1 \tag{3-2}$$

趋势投资者对过去价格变动趋势做出反应，但对当前的价格变动没有反应，所以他们在第 1 阶段不进行交易。因为趋势交易者不会对价格变动做出快速反应，他们需要一系列的价格上涨或下降才开始追逐这一趋势（Andreassen and Kraus，1990）。因此，趋势投资者第 1 阶段的需求等于零：

$$D_1^m = 0 \tag{3-3}$$

3.1.1.2　第 2 阶段

在第 2 阶段，Φ 的价值被理性投资者和内在价值投资者关注。假设 Φ 的实际值足够小，不影响推导理性投资者需求量的平均方差近似值。

趋势投资者在第 2 阶段的需求是对第 0～第 1 阶段价格的变化做出反应：如果价格上涨，他们会买入；如果价格下跌，他们会卖出。趋势投资者会在下一个交易订单中回应过去发生的价格变化。趋势投资者在第 2 阶段的需求为：

$$D_2^m = \beta(p_1 - p_0) = \beta(p_1) \tag{3-4}$$

其中，p_1 是第 1 期的价格；p_0 是第 0 期的价格（设为 0）；β 是趋势系数。

理性投资者与趋势交易者的策略不同。如果理性投资者预估第 3 阶段的资产价值，而第 2 阶段资产价格 p_2 低于第 3 阶段预期值，理性投资者将出售持有的净资产，因为这时持有资产面临风险，预期回报为负。相反，如果第 2 阶段资产价格 p_2 高于第 3 阶段预期值，趋势投资者会购买这项资产。

在第 2 阶段，理性投资者对价格回归基本面的信心仅受约束于第 3 阶段收益的预判。理性投资者在第 2 阶段的需求为 D_2^r，包含最大化平均方差效用函数和风险规避系数 γ。

$$D_2^r = \frac{(\Phi - p_2)}{2\gamma\,\sigma_\theta^2} = \alpha(\Phi - p_2) \qquad (3-5)$$

为便于计算，假设 $\alpha = \left(\dfrac{1}{2}\gamma\sigma_\theta^2\right)$。

内在价值投资者的第 2 阶段需求与价格负相关：

$$D_2^f = \alpha(\Phi - p_2) \qquad (3-6)$$

其中，假设 α 与式（3-5）中的相同。

假设内在价值投资者的需求和理性投资者第 2 阶段需求的斜率是相等的，并且理性投资者和内在价值投资者的数量分别为 μ 和 $1-\mu$。这样可以在保持市场风险承受能力不变的前提下，通过改变 μ 来检验引入理性投资者的影响。当缺乏内在价值投资者时，增加理性投资者的数量有两个相反的作用：一是由于理性投资者增加了购买趋势交易的动机，使价格不稳定；二是因为理性投资者增强了市场的风险承受能力，使价格稳定。弗里德曼（Friedman，1953）和斯泰因（Stein，1987）。如果从第二个作用中抽象出来，将内在价值投资者纳入模型，内在价值投资者是不关注风险信息的理性投资者。由于第一阶段的价格使理性投资者从中推断出第二阶段的价格信号，便想进入金融市场交易。相比之下，内在价值投资者既没有收到第一期信号，也没有从价格中推断出第二阶段的价格信号。如果只是简单地增加理性投资者，那么在某些情况下，风险分担的稳定效应比预期购买的不稳定效应小。为了使模型有稳定的解，要求：

$$\alpha < \beta \qquad (3-7)$$

由于存在理性投资者，使第 1 期价格因为预期第 2 期价格上涨而上涨，除非 $\alpha < \beta$，模型将没有稳定的均衡。如果预期 p_2 的值高是正确的，需求将超过供给。

由于在第 3 阶段没有交易，市场清算条件在这一期自动满足。在第 1 和第 2 阶段，由于存在理性投资者和内在价值投资者，市场清算条件分别为：

$$0 = D_1^m + \mu D_1^r + (1 - \mu) D_1^f \qquad (3-8)$$

$$0 = D_2^m + \mu D_1^r + (1 - \mu) D_2^f \qquad (3-9)$$

3.1.1.3　第 3 阶段

在第 3 阶段，没有交易。投资者根据其持有的资产头寸和公开宣布的 $\Phi + \theta$ 分红获得收益。由于在第 3 阶段可获得分红，理性投资者将资产价格固定为内在价值 $\Phi + \theta$。

不同类别投资者按期间和不同类别投资者披露信息的事件所需的模型数量的结构如表 3-1 所示。

表 3-1　　　不同类别投资者按期间和不同类别投资者披露信息的
事件所需的模型数量的结构

时期	事件	总需求		
		趋势投资者	内在价值投资者	理性投资者
0	无，基准时期	0	0	最优选择（=0）
1	投资者收到关于第 2 期股票 ϕ 的基本面价值的信号 ϵ	0	$-\alpha p_1$	最优选择（$= D_1^r$）
2	消极投资者学习 Φ	$\beta(p_1 - p_0)$	$-\alpha(p_2 - \Phi)$	最优选择（$= D_2^r$）
3	市场出清：股票以 $\Phi + \theta$ 的价格出售退出市场，这里 θ 是第 3 期不可预知的股票内在价值	$\beta(p_2 - p_1)$	$\alpha[p_3 - (\Phi - \theta)]$	最优选择（$p_3 = \Phi + \theta$）

3.1.2　风险感知引入后的决策过程

3.1.2.1　风险感知与实际风险无明显差别

考虑有正需求影响的情况，$\Phi = +\phi$。在负需求冲击的情况下，情况是对称的。如果理性投资者的信号 ϵ 与第 2 阶段需求冲击 Φ 完全相关，那么从他们的观点来看，第 1 期对第 2 期的股价不存在风险感知。只要知情的理性投资者以积极的方式出现（$\mu > 0$），套利可以保证第 1 和第 2 阶段的价格达到均衡。如果没有知情的理性投资者存在（$\mu = 0$），那么第 1 期价格等于 0，因为没有人知道第 3 阶段分红值 $\Phi + \theta$。

因此，如果：

$$\mu > 0, p_1 = p_2 (\mu = 0, p_1 = 0) \tag{3-10}$$

假设第 2 阶段完成市场清算，第 2 阶段的需求用式（3-1）、式（3-2）和式（3-3）替代式（3-9），得出第 2 阶段的平衡条件为：

$$0 = \beta p_1 + \alpha(\phi - p_2) \tag{3-11}$$

结合式（3-10）和式（3-11），得到：

$$p_1 = p_2 = \frac{\alpha\phi}{\alpha - \beta}(\mu > 0) \tag{3-12}$$

$$p_1 = 0, p_2 = \phi(\mu = 0) \tag{3-13}$$

如果 $\beta > \alpha/2$，那么在整个交易时期内，有理性知情投资者存在时比没有理性知情投资者存在时，价格偏离基本面价值更远。因此，在无噪声交易的情况下，增加理性投资者会将价格推离基本面价值。理性交易者信号的价格路径是不连续的：$\mu = 0$ 和 $0 < \mu < 1$ 是不完全相等的。此外，只要 $\mu \neq 0$，价格变化路径在 μ 上不变，这些特点产生的依据是，第一期 Φ 的信号是理性的。对于一个知情的理性投资者来说，在第 1 期购买并在第 2 期销售的交易循环没有风险，因为第 2 期没有风险感知。即使是一个非常小的行为，理性投资者也愿意随后进行大量的套利交易。为了使在第 1 至 2 期持有风险资产，接下来考虑理性投资者发出 Φ 不完善的信号 ε，风险感知与实际风险有明显差别的情况。

3.1.2.2　风险感知与实际风险有明显差别

假设理性投资者接收到一个非理性信号，如式（3-5）所示。再次考虑可能对内在价值产生正冲击的情况：$\varepsilon = \phi$，表明 $\Phi = +\theta$ 的概率为 1/2，$\Phi = 0$ 的概率为 1/2。设风险感知状态的第一个解决方案为 2a，第二个解决方案为 2b。

现在第 2 阶段有两个市场清算的条件，分别为：

$$\beta p_1 + \alpha(\phi - p_{2a}) = 0 \qquad\qquad (3-14a)$$

$$\beta p_1 - \alpha p_{2b} = 0 \qquad\qquad (3-14b)$$

市场出清的条件是：

$$\mu D_1^r - \alpha(1-\mu)p_1 = 0 \qquad\qquad (3-15)$$

理性投资者的第 1 阶段的需求 D_1^r 仍有待确定。

第 2 阶段向理性投资者开放的投资机会的预期价值，为第 1 阶段的特定购买提供一定的等价财富，从第 2 阶段开始，两种状态如式（3-16a）和式（3-16b）所示：

$$W_{2a} = D_1^r(p_{2a} - p_1) + \frac{\alpha(p_{2\alpha} - \phi)^2}{2} = D_1^r\left(\phi + \frac{\beta - \alpha}{\alpha}p_1\right) + \frac{\beta^2 p_1^2}{2\alpha} \quad (3-16a)$$

$$W_{2b} = D_1^r(p_{2b} - p_1) + \frac{2\,p_{2b}^2}{2} = D_1^r\left(\frac{\beta - \alpha}{\alpha}p_1\right) + \frac{\beta^2 p_1^2}{2\alpha} \qquad (3-16b)$$

在第 2 阶段，均衡财富确定理性投资者第 1 阶段需求分布上的最大平均方差效用为：

$$D_1^r = \frac{(p_{2a} + p_{2b}) - 2p_i}{\gamma(p_{2a} - p_{2b})^2} \qquad\qquad (3-17)$$

式（3-14a）、式（3-14b）、式（3-15）和式（3-17）形成了一个包含四个未知数的系统，包含三个价格 p_1、p_{2a} 和 p_{2b}，以及理性投资者在第 1 期的需求 D_1^r。

这时第 1 期的价格为：

$$p_1 = \frac{\phi}{2}\,\frac{\alpha}{\alpha - \beta}\,\frac{1}{1 + \dfrac{\phi^2}{4\,\sigma_\theta^2}\,\dfrac{\alpha}{\alpha - \beta}\,\dfrac{1-\mu}{\mu}} \qquad (3-18)$$

在特殊情况下，如果 μ 等于 1 或者 0，那么式（3-18）可以简化为：

$$p_1 = \frac{\phi}{2}\left(\frac{\alpha}{\alpha - \beta}\right)(\mu = 1) \qquad (3-19a)$$

$$p_1 = 0(\mu = 0) \qquad (3-19b)$$

如果第 1 阶段没有内在价值投资者存在（$\mu = 1$），那么理性投资者在第 1 阶段的持仓为 0。没有人可以从他们那里买到资产，理性投资者也没有在第 1 阶段买入资产并在第 2 阶段卖出资产而获利的可能。因此，第 1 阶段的价格等于第 2 阶段的预期价格。如果没有理性投资者存在（$\mu = 0$），则没有人能预测第 1 阶段的价格，因此，第 1 阶段的价格为 0。

下面来看第 2 阶段的价格。如果 $\beta > 0$，在第 1 阶段价格会单调递增，在第 2 阶段价格偏离内在价值 Φ，即：

$$p_{2a} = \frac{\beta}{\alpha}p_1 + \phi \qquad (3-20a)$$

$$p_{2b} = \frac{\beta}{\alpha}p_1 \qquad (3-20b)$$

理性投资者押注 Φ 在第 2 阶段很高，并将第 1 阶段的价格推高至零以上；这反过来提高了趋势投资者在第 1 阶段的需求。在第 1 阶段，投资者对未来需求趋势的预测推动价格高于其基本值 $\phi/2$。第 2 阶段，理性投资者抛售头寸，卖空资产，因为需求趋势使其价格高于内在价值。有趣的是，理性投资者在这种模式下通过短期交易获利。他们在第 1 阶段买入，在第 2 阶段卖出并做空，在第 3 阶段再次买入。在这种模式中，短期交易会使价格不稳定。当 $\mu > 0$ 时，第 2 阶段的价格总是远离基本面，而当 $\mu = 0$ 时，因为理性投资者的引入使第 2 阶段的价格不稳定，第 2 阶段的价格等于内在价值。第 1 阶段的价格大于 0 时，则有：

$$当\frac{1-\mu}{\mu} < \frac{2}{\phi^2}\sigma_\theta^2\left[1 - 2\left(\frac{\alpha - \beta}{\alpha}\right)\right]，则 \mu = 0 \qquad (3-21)$$

当少量理性投资者引入市场时，他们总是使价格更接近其内在价值。然而，如果 $\beta > \alpha/2$，总会有一个 $\mu^* < 1$；那么，超过 μ^* 个投资者的引入会使第 1 期价格从基本面进一步移动，而 $\mu = 0$。当正反馈相关系数 β 较高时，

风险感知为 θ，相对风险感知约为 Φ。只要引入足够的投资者，那么第 1 阶段价格和第 2 阶段价格会不稳定。第 1 阶段在有非理性信号时，价格反映了第 2 阶段风险感知下的需求。当理性投资者规避风险时，第 1 阶段价格低于第 2 阶段平均价格。从第 0 阶段到第 1 阶段的短期价格变动平均持续从第 1 阶段到第 2 阶段。因此，短期收益率是正相关的，即使在本模型第 3 阶段的长期收益率中，价格回到了基本值，而两个阶段的收益率是负相关的。这一模式与几周或几个月内收益率和几年内资产市场总收益率均值回归的正序列相关的证据一致。即使没有理性投资者的预期交易，也可以获得短期的正相关和长期的负相关。例如，如果一个好的公共新闻公告今天提高了价格，那么作为回应正反馈的结果，第 2 天价格也可能上涨，最终价格回到基本面。在本章的模型中，如果在第 1 阶段有公开新闻，会刺激第 2 阶段的趋势交易和第三阶段的基本面回归，因此，即使没有理性的投资者，也会在短期内产生趋势，在长期内产生负反馈。对这种假想的一个简单的解释是理性的投资者会顺应这一趋势，因此，一旦有消息披露，就可以确保价格对基本面进行全面调整。因此，收益的正相关和负相关都将被消除。然而，本章的模型表明，套利者不仅不能消除收益中可预测的相关性模式，而且还强调了它们。理性的投资者在预期趋势交易时会跟风，因而增加了短期回报的正相关，而不是消除它。

当然，也不能过度解释模型对回报相关性的影响。首先，短期内股票指数收益的正相关部分来自非同步交易。在这种情况下，正的序列相关性是一种虚构的市场指数，不是关于个别证券交易的真实价格。然而，研究发现，在债券、黄金和外汇市场的短期内，存在显著的正相关性（Cutler、Poterba and Summers，1989）。其次，本章模型预测收益的正自相关的范围由趋势投资者推断的范围决定。正如前面提到的，趋势投资者的参考框架是特定的。在这种情况下，趋势交易在固定的时间范围内不会转化为回报的正自相关。最后，模型中收益的长期序列负相关性是上一个时期影响的结果，因为消除了进一步的风险感知，价格将回到基本面。

这个模型的另一个含义是由于新闻刺激趋势投资者以及理性投资者的理

性预期，交易资产价格对新闻"反应过度"。对好消息的反应是价格上涨大于新闻本身内含。一些研究证据表明，"非理性"表现为市场对分红消息的过度反应。本章的模型与这个结果是一致的。这一模型也与另一些研究证据一致，即只要这些波动的一部分由趋势交易来解释，个别资产价格的极端波动最终会恢复。和以前一样，必须注意观察这些价格模式的时间范围与价格预期的时间范围相同。

3.2　三类投资者的需求

投资者的正反馈模型是本章重要的理论依据，主要因为该模型考虑了市场中投资者的策略特征，用该理论对市场中投资者的策略进行细分，能细化投资者的行为，便于将投资者的风险感知与市场行为做更细致的分析。因此，本章以其为投资策略细分的主要理论基础将投资行为分为三种投资策略：理性投资策略、内在价值投资策略和趋势投资策略。理性投资策略是在预测未来一期价格无偏误的假设前提下，将未来一期的预测价格与上一期的实际价格进行比较，如果未来一期的预测价格高则购买资产，反之则出售资产。内在价值投资策略是将当前资产的内在价值与当前价格进行比较。前两类投资策略被认为是理性或者有限理性的投资行为。趋势交易策略是将前两期或多期的实际价格进行比较，如果过去两期的价格有上升趋势，则购买资产，反之则出售资产。这一类投资策略属于不理性的投资策略，它受到市场中其他投资者行为的影响最多。理性投资者的需求是一个当前资产价格与投资者的信念函数，内在价值投资者的需求依赖于当前价格与内在价值两个参数，趋势投资者的需求是过去几期价格趋势的延伸。本节模型研究的重点则是风险感知在不同投资策略中对投资需求的影响。

假设一项资产生命周期为 15 期，在一个竞争性市场中有 n 名投资者，在每一期期末，该资产都会给持有者带来与其他期收益独立不相关的分红，且分红金额服从一个稳定的分布，即资产可带来有限次价值 M。在最末期结束后，资产按一定价格赎回，并不会再给持有人带来持续的价值。如果用 $\{d_{1t}, \cdots, d_{Mt}\}$ 表示第 t 期可能的收益分红，由于分红金额的分布是稳定的，因而可以将 $\{d_{1t}, \cdots, d_{Mt}\}$ 写作 $\{d_1, \cdots, d_m\}$。同时 π_M 为分红等于 d_m 的可能性，这里 m 为第 t 期的实际收益价值。那么预期各期分红之和为 $\sum_m \pi_m d_m$，则各期的内在价值为 $f_t = \sum_t^T \sum_{m=1}^M \pi_m d_{mt}$。

在本模型中，第 t 期可以有多种形式的理解，第一种理解形式是每一个交易周期，这种形式下的每一期期末，资产会获得一定金额的分红。同时，t 期可以理解为每一次交易。因为本实验采用的是双向竞价实验流程，在实验设计中每一个交易周期持续 4 分钟，在这段时间内，被试者可以根据自己的判断自由地递价、要价以及购买资产和出售资产，每一个完整的交易包括交易双方信息的对接，形成交易合约。在每一次交易周期内，一个投资者 i 可能进行了数次购买和出售资产的行为，也可能只递价或要价，并没有实现完整的交易。因此，每一交易周期的交易数量是不同的。

3.2.1　内在价值投资者的需求

考虑投资者 i，假设他采取的是内在价值交易策略。在没有风险感知的情况下，他购买或者出售资产是根据资产的内在价值和当前资产价格来决定的，如果价格高于内在价值则出售资产，如果价格低于内在价值则购买资产。因此，内在价值投资者 i 在第 t 期的需求为：

$$D_{FV_t}^t(P_t, f_t)\left(\frac{\partial D_{FV_i}^t}{\partial f_t} > 0, \frac{\partial D_{FV_i}^t}{\partial p_t} < 0\right) \qquad (3-22)$$

现在，假设该内在价值投资者 i 受到风险感知的影响，特别地，根据效果泛化假说，正的风险感知为投资者带来更准确的风险评估，负的风险感知为投资者带来消极的风险评估。$W_m(d_m, V)$ 是内在价值投资者对收益的信念配比，即投资者对当期资产的最终价值预测权重，这里 $V \in [-1, 1]$，表示当期风险感知的准确度。变量 V 值越高表示风险感知准确度高，风险感知与实际风险越吻合，V 值越低表示风险感知程度低，风险感知与实际风险越相悖。

在效果泛化假设中，当个人的风险感知越明显，风险偏好越大。因此，假设 i 对未来分红 $F_i[w_m(d_m, V_i)]$ 的推测分布为一阶随机导数 $F'_i[w_m(d_m, V_i)]$，即：

$$V_i > V'_i \rightarrow \mathrm{Prob}(F'_i \leq x \mid d_m, V'_i) \geq \mathrm{Prob}(F_i \leq x \mid d_m, V_i) \ \forall x \quad (3-23)$$

假设投资者 i 对于预期未来分红收益现金流的信念为 $\tilde{f}_{it}(V_i)$，受到风险感知影响的内在价值投资者在第 t 期的需求为：

$$D^t_{FV_i}[p_t, \tilde{f}_{it}(V^t_i)] \left(\frac{\partial D^t_{FV_i}}{\partial \tilde{f}_t} > 0, \frac{\partial D^t_{FV_i}}{\partial p_t} < 0, \frac{\partial D^t_{FV_i}}{\partial V^t_i} > 0 \right) \quad (3-24)$$

现在考虑一个内在价值投资者 i 在第 t 期的风险感知 V_{it} 的决定因素。假设在第 t 期的预测价格受到 t-1 期活动的影响，也受到当期风险感知的影响。假设内在价值投资者对风险感知越准确，他对当期价格预测越准确，假设当期的市场活动对价格的影响具有滞后作用，因此，预测价格受到 t-1 期市场活动的影响。其中，c_{it} 和 q_{it} 分别表示投资者 i 在第 t 期现金的持有额与资产数量的持有额。

$$V^t_i(c_{i,t-1}, V^{t-1}_i, q_{i,t-1}) = V^t_i \left[c_{i,t-1} + \sum_{t-1} \sum_m w_m(d_m, V^{t-1}_i) \times q_{i,t-1} \right]$$

$$(3-25)$$

价格预测是一个投资者对现有财富、内在价值以及风险感知影响下的函数。假设持有现金和资产数量增加，并且预测未来分红增加，会使资产价格上升。因此，$\frac{\partial V^t_i}{\partial c_{i,t-1}} > 0$，$\frac{\partial V^t_i}{\partial q_{i,t-1}} > 0$，$\frac{\partial V^t_i}{\partial \tilde{f}_{i,t-1}} > 0$。持有现金和资产数量少，以及预测未来分红会减少，使价格下降。

3.2.2　理性投资者的需求

下面讨论理性投资者 j，这类投资者以寻求再出售资产获得收益为目的。

理性投资策略下第 t 期投资者 j 的需求用 D_j^t 表示，它是当前资产价格 p_t 与预测未来出售资产的最佳价格减去内在价值之差 l_{jt} 的函数。理性投资者 1 需求函数表示为：

$$D_j^t(p_t, l_{jtrt})\left(\frac{\partial D_j^t}{\partial p_t} < 0, \frac{\partial D_j^t}{\partial l_{jt}} > 0\right) \quad (3-26)$$

其中，l_{jt} 表示投资者 j 预测未来出售该资产的价格与第 t 期内在价值的净差值。对于理性投资者而言，当前价格高意味着需求量降低，而预测未来在出售的价格高会增加当前资产的需求。在不受到风险感知影响下，即：

$$l_{jt} = E\left[\max_{t+k \in (t+1, \cdots, T)} (p_{t+k} - f_{t+k})\right] \quad (3-27)$$

但是，如果考虑风险感知对价格预测的影响。那么，允许理性投资者对未来价格的预测相对内在价值的差值受到风险感知的影响，风险感知越明显，则对未来价格的预测就越准确。如果 $V_j^t > V_j^{t'}$，则 $l_{jt}(V_j^t) > l_{jt}(V_j^{t'})$，说明在假设其他条件不变的情况下，理性投资者的预测未来出售资产价格减去内在价值的净值受到风险感知 V_j^t 的影响。理性投资者的风险感知由持有现金数和资产数量，以及预测未来资产价格相对资产的内在价值的差值共同决定，即：

$$V_j^i(c_{j,t-1}, a_{j,t-1}, q_{j,t-1}) = V_j^t(c_{j,t-1} + a_{j,t-1}q_{j,t-1}) \quad (3-28)$$

其中，$V_j^t(c_{j,t-1}, l_{j,t-1}, q_{j,t-1})$ 由 $c_{j,t-1}$，$l_{j,t-1}$ 和 $q_{j,t-1}$ 由三个影响变量决定。

3.2.3　趋势投资者的需求

趋势投资者 k 在第 t 期的需求函数表示为：

$$D_k^t(p_{t-1} - p_{t-2}) \quad (3-29)$$

趋势投资者关注的是过去价格的变化趋势，以此作为其资产需求的基础。根据投资者的正反馈模型，将这类投资策略模型设为以最近两期价格的变化趋势 $p_{t-1} - p_{t-2}$ 为变量的函数。假设风险感知对趋势投资者的行为有影

响,他们的行为将过去几期的价格变化数据转换成风险感知,因此,他们的需求函数为:

$$D_k^t [V_k^t (p_{t-1} - p_{t-2})] \left(\frac{\partial D_{M_k}^t}{\partial V_k} > 0 \right) \tag{3-30}$$

因此,风险感知导致更高的需求。

市场中的总需求集合为:

$$D^t (p_t, \cdot) = \sum_i D_i^t [p_t, \tilde{f}_{it} (V_i^t)] + \sum_j D_j^t [p_t, a_{jt} (V_j^t)]$$
$$+ \sum_k D_k^t [V_k^t (p_{t-1} - p_{t-2})] \tag{3-31}$$

对于任意投资者 i, $\frac{\partial D^t}{\partial p_t} < 0$, $\frac{\partial D^t}{\partial p_{t-1}} - \frac{\partial D^t}{\partial p_{t-2}} > 0$。

总需求量随着当前价格的增加和近期价格上涨变化趋势而变化。风险感知的增加导致所有投资者在 t 时期总的风险感知 V_t 移到 V_t',使各类投资策略者的资产需求增加放缓,从而整体投资需求的增加减缓。风险感知同样影响三类不同个体投资者在 t 时期各自的投资需求。假设 Q 为 t 时期资产供给总量。因为资产的供给总量是固定的,市场出清的价格为:

$$p_t^* = D^{-1,t} (Q) \left(\frac{\partial p_t}{\partial V_1^t} > 0 \right) \tag{3-32}$$

第 t 时期需求增加导致时间 t 上的市场出清价格。这说明,所有投资者的风险感知越明显,使在其他投资者行为固定的情况下投资者 i 的行为越接近内在价值投资者,导致市场价格趋于内在价值。

假设增加风险信息的提示次数会增大投资者的风险感知。

当 t = 0 时,即在市场开始之前的情况。内在价值投资者的需求是根据资产未来分红的资金流,即由内在价值链及他对风险的感知 $\tilde{f}_{i0} (V_i^0)$ 决定的。理性投资者 j 的需求是 $l_j^0 (V_j^0)$ 决定的,而趋势投资者需求降低的公式为 (V_k^0),更高的风险感知意味着价格更趋于内在价值。

假设在 t > 0 的时间内平均风险感知只受到 t − 1 期的影响，与之前状态无关。根据三种投资策略在总数中的权重进行相加。它与以前期的风险感知正相关，内在价值投资者和理性投资者持有的现金和资产数有关，也与上一期的出售的资产价格有关，即：

$$V^t = \left\{ \left[\sum_i V_i^t(c_{it}, V_i^{t-1}, q_{it}) \right] + \left[\sum_j V_j^t(c_{jt}, V_j^{t-1}, q_{jt}) \right] \right.$$
$$\left. + \sum_k \left[V_k^t(p_{t-1} - p_{t-2}) \right] \right\} / n \qquad (3 - 33)$$

其中，$\dfrac{dV^t}{dc_{it}} > 0$，$\dfrac{dV^t}{dq_{it}} > 0$，$\dfrac{dV^t}{ds_{jt}} > 0$，$\dfrac{dV^t}{dc_{jt}} > 0$，$\dfrac{dV^t}{dq_{jt}} > 0$，$\dfrac{dV^t}{dV_i^{t-1}} > 0$，$\dfrac{dV^t}{dV_j^{t-1}} > 0$，

$\dfrac{dV^t}{d[p_{t-1} - p_{t-2}]} > 0$。

3.3　风险感知的测度

本书研究的目的是考察风险感知对市场行为的影响。从实验的可操作性来讲，实验中风险感知是难以直接测量的，因此，必须考虑通过其他可以测量的变量来作为量化风险感知的指标。前面提到，风险感知越准确，对价格的预测就越准确。根据已有的一些文献中的风险感知测度，对风险感知与预测价格之间的关系做出理论界定。

假设投资者在第 t 期买入资产，通过价格预测考虑 t′ 期卖出，设预测价格为 P′，则感知风险测度为：

$$R_p^t(\overline{x}. x') = \phi(\overline{x}) \left[R^t(x') - R(0) \right] \qquad (3 - 34)$$
$$\overline{x} = FV^t + \overline{P}_{t'} - P_t - FV^{t'} \qquad (3 - 35)$$

其中，$\overline{x}$ 是指假设在 t 期购买资产、t′ 期出售的情况下，资产的预期平均回报；FV^t 和 $FV^{t'}$ 分别代表 t 期和 t′ 期的资产基本价值；P_t 是资产出售时的价格；$\overline{P}_{t'}$ 是出售的平均价格。其中，$(x - \overline{x})$ 指风险均值为 0 时的标准风险变量。x

表示由赌均值和标准风险因子两个维度构成的感知风险测度方法。$\varphi(\bar{x}) > 0$ 时，为减函数。$Rt(x')$ 是对标准赌的测量，表示当标准风险因子保持不变，赌均值增大时投资者的感知风险减小。$R^t(x') = -E[U(x - \bar{x})]$，其中，$U$ 是 VNM 效用函数：

$$\begin{cases} x, x \geqslant 0 \\ U(x) = \lambda x, x < 0 (\lambda \text{ 是损失规避系数}, \lambda > 1) \end{cases} \tag{3-36}$$

$$U(x - \bar{x}) = U(d^t - FV^t + Pt' - \bar{P}_{t'} - d^{t'} + FV^{t'}) \tag{3-37}$$

其中，d 表示分红的分布。

因为 $d^t - FV^t$ 和 $d^{t'} + FV^{t'}$ 都为正态分布，因而有以下运算：

$$R^t(x') = -E[U(x - \bar{x})]$$

$$= -\int_{-\infty}^{0} \lambda x\, N_t(x)\, dx - \int_{0}^{\infty} x\, N_t(x)\, dx - \int_{-\infty}^{0} \lambda x p(x)\, dx - \int_{0}^{\infty} x p(x)\, dx$$

$$- \int_{-\infty}^{0} \lambda x\, N_t'(x)\, dx - \int_{0}^{\infty} x\, N_t'(x)\, dx$$

$$= -\left[\int_{0}^{\infty} x\, N_t(x)\, dx\right](1 - \lambda) - \int_{-\infty}^{0} \lambda x p(x)\, dx - \int_{0}^{\infty} x p(x)\, dx$$

$$- \left[\int_{0}^{\infty} x\, N_t'(x)\, dx\right](1 - \lambda)$$

$$= -\left\{\int_{0}^{\infty} x[N_t(x) + N_{t'}(x)]\, dx\right\}(1 - \lambda) - \int_{-\infty}^{0} \lambda x p(x)\, dx$$

$$- \int_{0}^{\infty} x p(x)\, dx \tag{3-38}$$

$$R_p^t(x, x') = \varphi(\bar{x})[R^t(x') - R(0)]$$

$$= \varphi(\bar{x})\left[(\lambda - 1)\int_{0}^{\infty} x\, N_t(x) + N_t'(x)]\, dx - \int_{-\infty}^{0} \lambda x p(x)\, dx\right.$$

$$- \int_{0}^{+\infty} x p(x)\, dx - R(0) \tag{3-39}$$

3.4 风险感知影响下的价格预测过程

下面讨论多期风险感知影响下价格预测的演化过程。由于资本市场中的价格受到最近几期的交易状态影响明显，而与较远期的交易状态影响较小，且变化过程随机。可以合理假设价格随机过程为一个遍历性的马尔科夫链，且经过足够长的时间，这种过程是平稳分布的。即马尔可夫链的状态转移概率$p_{ij}^{(k)}(n)$ 与 n 无关，只与 i，j，k 有关。设该系统有 N 个状态空间，$\omega = \{1, 2, \cdots, N\}$，状态转移概率为$p_{ij}^{(k)} = p_{ij}^{(k)}(n) \geq 0$。

根据全概率公式，可以得到对 $\forall k \geq 1$（i，j = 1，2，…，N）。

则有：

$$
\begin{aligned}
p_{ij}^{(k)} &= p_{ij}^{(k)}(n) = P[X(n+k) = i \mid X(n) = j] \\
&= \sum_{m=1}^{N} P[X(n+k-m) = m \mid X(n) = j] \cdot P[X(n+k) = \\
&\quad i \mid X(n+k-1) = m] \\
&= \sum_{m=1}^{N} p_{im}^{(k-1)} p_{mj} \qquad\qquad\qquad (3-40)
\end{aligned}
$$

用矩阵表示即：

$$
P(k) = Pk \qquad\qquad\qquad (3-41)
$$

若马尔科夫链［X(t)，t = 1，2，…］状态转移概率的极限存在，且只与 j 有关，则此近期状态若为 j 经过 k 步转移后到远期状态为 i 的概率为：

$$
\begin{pmatrix}
p_{11}^{(k)} & p_{12}^{(k)} & \cdots & p_{1N}^{(k)} \\
p_{21}^{(k)} & p_{22}^{(k)} & \cdots & p_{2N}^{(k)} \\
\vdots & \vdots & \ddots & \vdots \\
p_{N1}^{(k)} & p_{N2}^{(k)} & \cdots & p_{NN}^{(k)}
\end{pmatrix} \qquad\qquad (3-42)
$$

此分布称为遍历性的马尔科夫链。

若 x = Px，则称 x 为一个马尔科夫平稳分布。那么，对于满足遍历性的马尔科夫链［X(t)，t = 1，2，…］，设其状态转移概率的极限为：

$$
\lim_{k \to \infty} p_{ij}^{(k)} = x_j , i, j \in \omega \qquad\qquad (3-43)
$$

再根据状态转移矩阵的恒等式 $P^k = P \cdot P^{k-1}$，取式（3-43）两端的极限，得：

$$
\begin{pmatrix} x_1 \\ x_2 \\ \vdots \\ x_N \end{pmatrix} = P \begin{pmatrix} x_1 \\ x_2 \\ \vdots \\ x_N \end{pmatrix} \tag{3-44}
$$

即满足遍历性的马尔科夫链其极限分布 $X_i (i = 1, 2, \cdots, N)$ 是方程组：

$$
x_i = \sum_{j=1}^{N} p_{ij} x_j, (i = 1, 2, \cdots, N) \tag{3-45}
$$

满足条件 $X_i (i = 1, 2, \cdots, N)$，$\sum_{i=1}^{N} x_i = 1$ 的唯一解。

利用马尔科夫链对未来资产的价格做预测，应将预测价格的取值范围划分为若干个取值区间，即状态空间。计算出预测价格的取值在某一时刻的预测价格处于第 j 个区间，而该时刻的下一个时刻处于第 i 个区间的比率 $p_{ij}(i, j = 1, 2, \cdots, N)$，并以此来度量在某一个时刻预测价格处于 i 区间，而下一时刻预测价格处于 j 区间的概率大小，据此构造一步状态转移概率矩阵为：

$$
P = \begin{pmatrix} p_{11} & p_{12} & \cdots & p_{1N} \\ p_{21} & p_{22} & \cdots & p_{2N} \\ \vdots & \vdots & \ddots & \vdots \\ p_{N1} & p_{N2} & \cdots & p_{NN} \end{pmatrix} \tag{3-46}
$$

进而得到 k 步转移概率矩阵为 $P(k) = P^k$。

若向量 $x(t) = [x_1(t), x_2(t), \cdots, x_N(t)]$ 表示第 t 个时段预测价格的概率分布向量，则经过 k 个时段后有：

$$
[x_1(t+k), x_2(t+k), \cdots, x_N(t+k)]^T = \begin{pmatrix} p_{11} & p_{12} & \cdots & p_{1N} \\ p_{21} & p_{22} & \cdots & p_{2N} \\ \vdots & \vdots & \ddots & \vdots \\ p_{N1} & p_{N2} & \cdots & p_{NN} \end{pmatrix}^k
$$

$$[x_1(t), x_2(t), \cdots, x_N(t)]^T \qquad (3-47)$$

若给定初始时刻 $t=0$ 时的状态向量为 $x(0) = [x_1(0), x_2(0), \cdots, x_N(0)]^T$，则可得到经过 t 个时间段后价格的预测值为：

$$[x_1(t), x_2(t), \cdots, x_N(t)]^T = \begin{pmatrix} p_{11} & p_{12} & \cdots & p_{1N} \\ p_{21} & p_{22} & \cdots & p_{2N} \\ \vdots & \vdots & \ddots & \vdots \\ p_{N1} & p_{N2} & \cdots & p_{NN} \end{pmatrix}^t [x_1(0), x_2(0), \cdots, x_N(0)]^T$$

$$(3-48)$$

3.5　本章小结

本章构建了对实验室金融市场实验的理论框架。首先刻画了投资者决策过程，将其分为三个阶段，并根据投资者的理性程度对投资者按策略进行分类；其次分别刻画投资者的需求；再其次阐述投资者风险感知的测度公式；最后采用马尔科夫链的模糊算法，推算出多期市场中价格预测的演化过程。

相较于已有文献模型，本章构建的理论框架有以下改进。

（1）在明确对三类投资者策略进行分类的基础上，讨论了风险感知与实际风险有无明显差别的情况，以及受风险感知影响的三类投资者的交易需求。

（2）建立了本书的风险感知测度模型，该模型在已有的风险感知模型的基础上引入分红分布参数 d，以契合第 4 章实验中以不同分红概率分布形成的不同风险感知环境。

（3）由于价格预测是投资者对风险感知的外化表现，第 3.4 节通过引入马尔科夫链的模糊算法，刻画在多期市场中投资者受风险感知影响下价格预测的演化过程。

无社交网络下考虑风险感知影响的
实验设计及结果分析

　　金融领域的核心问题之一是风险。风险感知有别于投资者情绪等投资者行为，其特点在于它是一种长期稳定的心理反应。由于风险感知的心理学特征不易获得实证数据，长期以来对它的研究甚少。随着实验经济学的发展，关于实验室金融市场实验研究逐渐丰富，为本书研究提供了重要的可参考文献。

　　本章首先从心理学现象入手，分析了投资者在处理公共信息和他人信息以及私人信息时的偏差。其次根据第 3 章的理论分析，以经典的实验室金融市场实验为基准实验，设计了一个具有高低两种风险感知环境的市场，并实施了实验。实验数据结果采用泊松回归和逻辑回归等方法进行分析，并对实验的稳健性进行了检验。具体来说：第 1 节通过两个著名的心理现象解释本实验的心理学背景；第 2 节阐述实验的设计和实施过程；第 3 节通过回归拟合对完成的实验结果进行分析；第 4 节进行实验稳健性检验；第 5 节是本章小节。

4.1　心理学证据

　　许多心理学家发现了一种被称为保守主义的现象，即个人在面对新证据时改变原有信念的速度很慢（Edwards，1968）。在实验中将被试者对新证据的反应与理想化的理性贝叶斯反应进行比较，确定了一个规范的结果。保守主义的结论明显而客观地表明，信念的变化是有序的，与根据贝叶斯定理计算出的数字成比例，但在数量上不明显。

传统实验研究认为，需要从实验中的 2～5 个设置点来诱导一个被试者改变他的观点。但是保守主义者极易出现对上述设置点反应不足的情况。受保守主义影响的个人可能会忽视收入或其他一些公开的信息内容，因为可能他们认为这些信息包含很大程度的临时性内容，或者他们仍然部分地坚持其先前的收益估计。因此，他们可能会根据公告调整部分资产估值。

心理学家记录的第二个重要现象是代表性启发 （Tversky and Kahneman，1974）。该研究发现，遵循这种启发式心理的人通过在某种程度上比较和推理做出判断：（1）其基本特性与母体相似；（2）反映了其产生过程的显著特征。例如，如果对一个人的详细描述与某一特定职业很好地匹配，那么被试者往往会明显高估这个人从事该职业的可能性。当代表性描述加重时，被试者对属于该职业群体的一小部分统计基础证据的依赖加重。并详细讨论了代表性启发的一个重要表现，即人们认为他们看到的模式是真正随机序列的。代表性启发契合了前一章描述的过度反应的观点。例如，如果一家公司在过去几年中一直保持着盈利增长的历史，同时新闻中对其产品和管理层的描述也很优秀，那么投资者可能会得出过去的历史代表盈利增长潜力的结论。虽然持续的高增长模式可能只是该公司的随机表现，但投资者看到了"混乱中的秩序"，并从样本成长路径中得到推断，认为该公司属于一类少数而独特的公司群体，其收入一直在增长。但是，使用代表性启发的投资者可能会忽视这一事实：高收益增长的历史不太可能重演。他们高估公司价值，而在预测收益增长未能实现时对未来感到失望，形成过度反应。

之后，有研究者试图调和保守主义和代表性启发两种心理模式。在他们的研究框架中，人们根据新证据的"强度"和"权重"更新他们的信念（Griffern and Tversky，1992）。强度指证据的显著性，而权重指统计信息量，如样本量。根据该研究的预测，相对于理性贝叶斯，人们在调整预测时过低关注证据的强度，而过度关注其权重。在该研究的框架下，保守主义分为高强度和低强度两种。人们对低强度证据不感兴趣，反应温和，其实它的权重应该引起重视。另外，当证据强度高但权重轻时，过度反应和代表性启发会同时发生。事实上，代表性启发可以被认为是对强度特别突出且权重相对较低的过度反应。

该研究的理论表明，个人可能会低估单期盈利公告中包含的信息，因为单个盈利数字似乎信息量较弱，本身没有显示出任何特定的模式或趋势。该研究发现，投资者忽略了不同时期股价对预测影响的权重，即后期股价更多地影响预测收益，特别是当收益近似于随机游走时。同时，个人收入增长明显偏高或偏低的情况下，历史收益数据可能非常显著，但是它们在预测收益增长率方面的权重可能非常低。心理学上的证据并不能定量地说明哪种信息是强度高的，从而导致市场反应过度，以及什么样的信息是弱的，可能会导致预测失误。例如，这些证据并不能说明一系列收入增长需要多长时间才能造成显著的超额收益。研究证据也没有对高强度和权重，或低强度和权重的信息的反应程度（相对于真正的贝叶斯）做出定量的分析。

出于以上原因，本章的模型是从心理学证据中衍生出来的，但不仅依赖于心理学证据，还采用一个符合心理证据和模型的资产交易实验为基准，向被试者（未经金融培训的大学本科生）展示了一系列资产价格，并要求他们以现行价格进行交易。交易完成后，下一个可交易价格出现，投资者可以再次交易。交易不会影响价格，交易者按时间序列出现的价格交易而不是彼此形成交易价格。资产价格是从金融媒体上重新调整的实际资产价格，有时还通过引入趋势来调整。

4.2 实验设计与实施

4.2.1 市场结构与价格形成

本书实验的基准试验是以史密斯等（Smith，Suchanek and Williams，1988）

的实验为参照。该试验设置了资产的内在价值,通过连续多期交易市场中被试者的双向竞价交易,观察资产价格变化过程,检验了价格泡沫及其破碎的过程。通过这一实验,能够很好地展示现实金融市场中的投资者对市场环境的反馈行为,做出的投资决策最终反映在市场价格变化上。本书以该实验作为基准实验,模拟现实金融市场中投资者只了解资产的基本价值,而其他信息披露不完全的情况。

为了将投资者的风险感知与市场价格的泡沫联系起来,研究投资者的风险感知对其投资行为的影响,揭示投资者的风险感知对投资行为的影响机理,通过本实验设计不同的股利收益分布,使投资者产生强弱不同的风险感知。风险是指结果的不确定性。显然,股利分布方差大的市场中,投资者的风险感知更强,而股利分布方差小的市场中,投资者的风险感知较弱。

根据第 3 章对于投资者的风险感知和投资需求的分析,本书设计了以下市场结构(具体实验说明见附录 A):市场中的资产交易在 T 时间内完成。每一场交易时间 $t \in \{1, \cdots, T\}$,每一笔资产将获得一笔固定分红 dt,以及每人每场次一份独立的交易所得 Rt。任一场 t 中,每一份投资组合的预期收益 $E(Wt)$ 等于预期固定分红与交易价值之和,即 $E(Wt) = E(Dt) + E(Rt)$。每一场都分别计算交易价值。因而预期未来第 t 期的交易资金流为:$E[\sum_{t}^{T} Rt]$,等于预期交易所得乘以剩余的期数,即表示为:$E[\sum_{t}^{T} Rt] = (T - t + 1)E(Rt)$。

分红是资产内生价值的体现,而资产内在价值用 ft 表示,在任何时点 t 上,预期从 t 时间起未来分红的资金流总量,即:$f_t = (T - t + 1)E(dt)$。在本书研究的实验市场中,资产的生命周期设为 15 期,设计了两组实验市场,一组作为实验组,该市场组在基准实验的基础上设置了强烈的风险感知环境,在后面称为市场 1。通过设计每期末计算机随机抽取的交易收益金额分布为 $Rt \in \{0, 8, 28, 60\}$,使投资者对市场的风险感知强。另一组作为参照组,该市场组在基准实验的基础上设置了较弱的风险感知环境,在后面称为市场 2。通过设计每期末计算机随机抽取的交易收益金额分布为 $Rt \in \{22,$

23，25，26}，使投资者对市场的风险感知弱。每一种金额在整个时间 t 内出现的概率是相等的。因此，在 t 时期，$E(R_t) = 24$，$F_t = 24(16 - t) = 384 - 24 \times t$。红利的分布率服从正态分布，中值为 24，比预期收益大，因此，风险规避者考虑资产的价值比内在价值少。

在每一期，每一个投资者可以在实验市场中与任何一位投资者进行交易，以交易资产换取现金，使其账户上的金额保持非负的现金流。交易价格由连续双方竞价市场产生。该市场的运行机制如下：每一期市场会开放固定的时间（如在本实验中为 4 分钟）。在市场开放的任何时点上，投资者可以提供一个卖出的价格，或者买入一项资产的价格。这些信息将在参与者的计算机屏幕上实时显示。同时，交易中的任何时点上，投资者可以接受其他投资者提供的交易价格。当一次开价—询价完成时，一次交易在出价者和询价者之间发生，并产生了交易价格。因此，在一期模拟市场内，同一资产在不同的交易之间可能产生不同价格。实验会给每一位交易市场的参与者提供相同且充足的资金保证其完成交易。

每一位实验参与者都有一个投资组合包，包括实验初始的 3 单位资产以及每一场实验固定的 225 个实验币。实验的最终所得（由固定分红加或减去交易收益或损失再加或减去预测当期价格的奖励）按等比例（100∶1）兑换成现金，在实验结束时交给实验参与者。实验采用的软件是由苏黎世大学提供的 Z - tree（Fischbacher，2007）。

在模拟实验开始前，对参与者的风险偏好做了一个纸笔测试，采用成熟的量表完成（Trautmann and Vlahu，2011），该量表符合早期的协议（Fehr and Goette，2007）。这一量表由六项选择题（6 次游戏）组成，展示成一个列表的形式。每一个选择题前提供一次掷骰子机会，有 50% 的可能获得 4.5 元的收益，还有 50% 的可能分别获得 - 0.5 元，- 1.5 元，- 2.5 元，- 3.5 元，- 4.5 元或者 - 5.5 元的收益，每一种收益各出现 1 次。要求参与者决定参加这个游戏次数，参加者不愿意参加这个游戏的次数表示他的风险规避程度。实验参加者完成以上纸笔测试，他们会在答题纸上分别标明是否愿意参加这次游戏，完成后交给实验组。

4.2.2　实验过程及样本分类

实验是在中南大学商学院行为实验室开展的。被试者共 144 人，全部是中南大学的学生，其中 7 人为研究生，其余均为本科生。没有同一被试者重复参加一场以上实验的情况。选择大学生作为实验的被试者主要出于两个方面的考虑：一是大学生的年龄相近、经历相似，选择大学生参加实验能较好地控制如教育背景、年龄、生活经历、职业以及有无投资经验等外生因素的干扰；二是大学生的认知水平普遍较高，能在较短的时间内学习实验中的交易机制。因此，不同于田野实验需要考虑参与者随机性带来的不确定因素，实验室实验选择在校生参加实验被证明是对研究顺利进行的有利方法。实验进行了 16 场，前面 8 场是实验组实验，分红分布方差大（抽取的分红概率是：25% 为 0，25% 为 8，25% 为 28，25% 为 60，平均分红为 24），被试者风险感知明显。后 8 场进行的是控制组实验，分红收取的分布方差小（抽取的分红概率是：25% 为 22，25% 为 23，25% 为 25，25% 为 26，平均分红同样为 24），被试者风险感知不明显。实验室设在一间计算机房里，通过局域网将 9 台分机与实验后台的主机相连。分机上安装 Z‐leaf 软件，由主机上安装 Z‐tree 软件控制。这些计算机构成一个模拟的交易市场。市场采用连续双向竞价机制进行交易，具体的交易规则会在实验开始前向参加者宣读。组织者可以通过后台计算机的 Z‐tree 软件控制实验的进程，并在后台计算机上看到交易的实时数据，包括各交易者的预期价格、递价价格、成交价格、交易量、计时等，这些数据会在实验结束后保存在一个 Excel 文档内，以实验时间命名，以便后期对数据的处理和分析。

需要特别说明的是，根据参加者预测价格的准确率对被试者进行奖励。预测价格的准确率 =（预测价格 – 实际当期平均价格）/实际当期平均价格。如果准确率在 25% ~ 50%，可以获得 1 个实验代币的奖励；如果准确率在 10% ~ 25%，可以获得 2 个实验代币的奖励；如果准确率在 10% 以内，可以获得 5 个实验代币的奖励。通过这些经济激励，鼓励被试者做出他们任务最合理的价格预测，并关注预测价格的准确程度。

另外，为了让参加者在交易中感知不同的风险，在每场实验市场中只向被试者提供一条风险信息，其中4场设置的提示风险信息为系统性风险：利率风险、汇率风险、通胀风险以及标的物流动行风险。另外4场设置的提示信息为非系统性风险：金融机构信用风险、银行投资风险、银行财务风险以及产品合法合规风险。

在每场实验开始时系统会提供一条风险提示，例如，该标的物存在利率风险，即利率的波动会对产品的收益产生影响。并在每一期交易开始前，在要求被试者输入预测价格时再次显示同一条风险信息。另外，每一期结束时，当出现一些关于投资者当前的现金持有额、资产持有数量、本期抽取的分红率等信息的同时，会第三次提醒相同的风险信息以及抽取分红的概率分布，以此向参加者强化特定的风险信息以及固定抽取分红的概率分布。

本书以期（period）为单位计算，判断投资者的交易策略（trading strategy）。如果当期计算出2种交易策略，各乘以系数0.5；如果当期计算出3种交易策略，各策略乘以系数0.33。根据三种策略投资者的定义，交易者的策略具体的划分标准如下。

内在价值投资者的投资策略满足以下情况之一：（1）如果 $p_t > f_t$，那么 $q_{i,t} < q_{i,t-1}$；其中，p_t 是第 t 期平均价格（average price 或参数为 avePrice）；f_t 是第 t 期的内在价值 $[f_t = 24 \times (15 - t + 1)]$；$q_{i,t}$ 表示个人投资者在 t 期持有的资产数量。这表示，如果价格高于内在价值，投资者在 t 期内是净销售资产的。（2）如果 $p_t < f_t$，那么 $q_{it} > q_{i,t-i}$。即如果价格低于内在价值，投资者在 t 期内是净买入的。内在价值投资者的策略是以内在价值作为阈值。

趋势投资者的投资策略满足以下情况之一：（1）如果 $p_{t-1} < p_{t-2}$，那么 $q_{i,t} < q_{i,t-1}$；（2）如果 $p_{t-1} > p_{t-2}$，那么 $q_{i,t} > q_{i,t-1}$。趋势投资者的投资策略是，如果资产价格在过去的两期内是增值的（即 $p_{t-2} < p_{t-1}$），那么买入资产，如果资产价格在过去的两期内是减少的，则出售资产。

理性投资者的投资策略满足以下情况之一：（1）如果 $p_{t+1} < p_t$（p_{t+1} 即预

测价格，参数 WantPrice），那么 $q_{i,t} < q_{i,t-1}$；（2）如果 $p_{t+1} > p_t$，那么 $q_{i,t} > q_{i,t-1}$。这类投资者对下一期价格的预测是无偏误的，如果预计的价格从本期到下一期是增加的，他们会选择购买资产，反之，他们选择出售资产。表 4 - 1 是不同策略投资者在两种实验市场所占的百分比。

表 4 - 1   不同策略投资者在两种实验市场所占的百分比

项目		风险 1（非系统性风险）		风险 2（系统性风险）	
		买入	卖出	买入	卖出
市场 1	趋势交易者	43. 36	39. 09	26. 53	31. 05
	理性投资者	34. 51	32. 10	34. 69	37. 25
	内在价值投资者	22. 12	28. 81	38. 78	31. 70
市场 2	趋势交易者	40. 71	30. 07	39. 47	37. 23
	理性投资者	26. 55	28. 67	25. 00	29. 79
	内在价值投资者	32. 74	41. 26	35. 53	32. 98

4.2.3   风险感知情境下市场的泡沫检测

图 4 - 1 展示的是每场实验的泡沫测量数据，即风险感知显著下的市场和风险感知不显著下的市场。从图中可以看到，两个市场价格中都出现了泡沫的现象。但是在风险感知明显的市场中，当价格中值上升超过了内在价值之后，并没有明显的回落，而是继续保持一个较高的价格水平，直至市场实验结束。这说明，投资者在明显的风险感知影响下，投机心理加强，风险规避心理明显减少。

图 4 - 2 展示的是每场实验的泡沫测量数据，即系统性风险提示下的市场和非系统性风险提示下的市场。从图中可以看到，两个市场价格中都出现了泡沫和泡沫破碎现象，但是价格中值与资产的内在价值偏离不大，说明投资者在受到风险感知影响下，市场行为比较谨慎，风险规避心理显著。

在本实验中，实施了两组实验，分别设置了实验组和对照组，各组进行

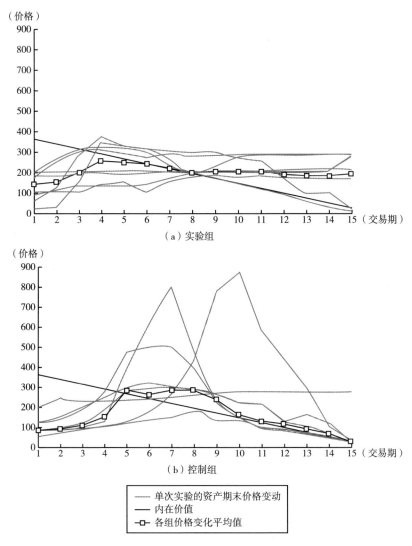

（a）实验组

（b）控制组

───── 单次实验的资产期末价格变动
━━━━━ 内在价值
─□─ 各组价格变化平均值

图 4 - 1　实验组与控制组的对照

注：图中的直线表示内在价值，水印线表示单次实验的资产期末价格变动线，方点线表示各组价格变化平均值，图中横轴表示 15 个交易期，纵轴表示价格的高低。

了 8 场交易，每场交易除了最终抽取分红的概率分布方差不同外没有其他区别。从表 4 - 2 的分析结果可以看到，两组实验市场中价格都有一个上升并回落的过程，即价格形成泡沫和泡沫破灭的过程。特别是在风险感知较低的市场中，这一特征更为明显。通过前一章对投资者对信息反应的一系列特点

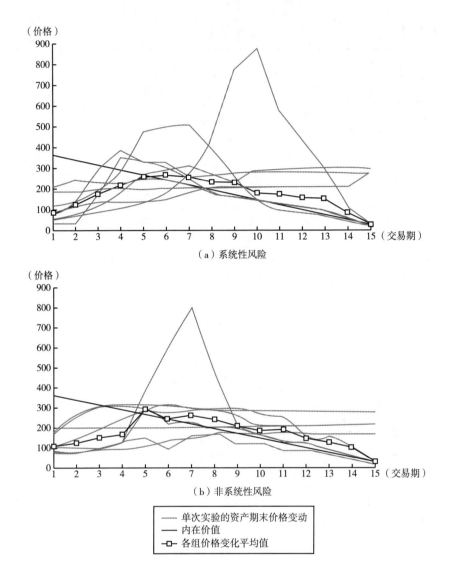

图 4 - 2　系统性风险与非系统性风险的对照

注：图中的直线表示内在价值，水印线表示单次实验的资产期末价格变动线，方点线表示各组
价格变化平均值，图中横轴表示 15 个交易期，纵轴表示价格的高低。

的阐述，认识到投资者对风险信息的反应会影响投资者对风险感知的行为反馈。那么投资者对资产的交易以及资产价格下降可能受哪些行为影响呢？为此，做以下泊松和逻辑回归分析。

表4-2   泡沫检测结果

场次	平均偏误	总偏差	正偏差	负偏差	溢价期数	折价期数
1a	-38.8855	1057.283	237	-820.283	7	8
2a	10.16858	1495.471	824.0001	-671.471	8	7
3a	12.8663	2404.585	1298.79	-1105.8	8	7
4a	-22.6499	915.2716	287.7619	-627.51	5	10
1b	-42.5874	1174.311	267.75	-906.561	7	7
2b	58.84337	1769.602	1326.126	-443.476	9	6
3b	23.69873	1699.619	1027.55	-672.069	5	10
4b	98.63396	3879.555	2679.532	-1200.02	9	6
6a	42.4881	1169.679	903.5	-266.179	12	3
7a	88.6993	1805.061	1567.775	-237.286	12	3
8a	-41.6259	1712.39	544.0004	-1168.39	7	8
9a	16.92423	1425.611	839.7373	-585.874	8	7
6b	-68.6077	1486.768	228.8264	-1257.94	6	8
7b	4.407698	1243.194	654.6548	-588.539	11	4
8b	30.21746	2391.643	1422.452	-969.19	7	8
9b	-63.066	1085.99	70	-1015.99	4	10

为了比较各场实验之间的不同，采用成熟的泡沫测量的方法（Haruvy and Noussair，2006）。表4-2说明了两个市场中几个测量泡沫的基本参数。平均偏误 $AB = \sum t(p_t - f_t)/15$，是价格与内在价值的平均偏误。将两种分红方案进行对比，对 AB 中的每个参数进行观察。假设较高的平均风险水平使参与者更愿意追逐风险。此外，在每一场交易中，通过被试者给出的预期价格与市场的平均价格之间进行比较来观察与购买行为之间的关系。从资产形成的价格到相对价格准确率（forecast bias），利用这些变量将风险感知转换为可以观察的交易价格。

4.2.4　交易风险资产的性别差异

在实验室金融市场行为实验中，投资者异质性特征是研究者需要考虑的问题，虽然实验室实验中投资者异质性得到较好控制，被试者特征对实验结果的影响比田野实验小，但投资者异质性仍是值得注意的。研究表明，金融市场中男性比女性投资决策更加冒进，导致在只有男性投资者参与的市场形成的市场价格变化趋势与只有女性投资者参与的市场形成的市场价格变化趋势不同（Breaban and Noussair，2015）。出于本书研究的谨慎性考虑，本节检测本实验中在不同风险感知的情境下，投资者性别与投资者各种投资行为之间的关系。

通过表 4-3 对投资者性别与相关参数之间的相关关系进行总结。

表 4-3 中，在第 t 期，现金资产比率 $(C/A)t = \sum_i c_{it} \sum_i q_{it} f_t$，其中，$(C/A)t$ 表示现金与资产的比例；c_{it} 表示在第 t 期投资者 i 持有的现金量；q_{it} 表示在第 t 期投资者 i 持有的资产数量；f_t 表示第 t 期资产的内在价值。

表 4-3　性别、现金/资产持有比例、预测价格准确度与各投资策略之间的相关关系

	项目	内在价值交易者	趋势交易者	理性投资者	性别	现金/资产比	预测价格准确率
市场 1	性别	-0.022	-0.128**	-0.107**	1		
	现金/资产比	-0.039	0.067	-0.046	-0.056	1	
	预测价格准确率	-0.031	-0.002	0.103*	-0.072	-0.071	1
市场 2	性别	-0.040	-0.065	-0.067	1		
	现金/资产比	-0.022	0.046	-0.022	0.032	1	
	预测价格准确率	0.078*	0.050	-0.034	-0.025	-0.014	1

图 4-3 比较了两个市场中女性占比与市场交易量之间的关系。可以发现，市场 1 中女性占比率对于市场交易量的影响不大，而市场 2 中两者呈负相关关系。这说明，在风险感知强的情况下，投资者的性别差异对市场交易

量的影响不大。而当风险感知较低时，投资者中女性的占比高，会导致市场
交易量下降。

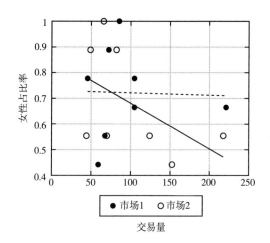

图 4 - 3　对比两个市场中女性占比率与交易量之间的关系

注：图中实心点表示市场 1 中各投资者的表现，空心点表示市场 2 中各投资者的表现，实线表
示市场 1 的线性回归直线，虚线表示市场 2 的线性回归直线，横轴表示交易量，纵轴表示女性占
比率。

4.3　实验结果及有效性分析

4.3.1　Poisson 回归模型及结果

当研究投资者的交易行为时，因变量是投资者买和卖的频数，为离散的
整数，泊松回归模型为：

$$Log[E(Y \mid X_{Sell_{t-1}})] = \alpha + \beta_1 Price_{t-1} + \beta_2 Asset_{t-1} + \beta_3 Cash_{t-1}$$
$$+ \beta_4 Priceforecase_{t-1} + \beta_5 Sell_{t-1} + \mu_i + \varepsilon_{it}$$

$$Log[E(Y \mid X_{Buy_{t-1}})] = \alpha + \beta_1 Price_{t-1} + \beta_2 Asset_{t-1} + \beta_3 Cash_{t-1}$$
$$+ \beta_4 Priceforecase_{t-1} + \beta_5 Buy_{t-1} + \mu_i + \varepsilon_{it}$$

下面对上一期的价格与购买之间的关系，以及投资者上一期对价格的预测准确度与卖出之间的关系进行研究。分别对不同类型的投资者（FV 为内在价值投资者、M 为趋势投资者、RS 为理性投资者）的购买行为与多个变量进行泊松回归分析。

4.3.1.1　参数设置

（1）$Price_{t-1}$ 上一期的价格：除了少数的理性投资者，他们能够对资产的价格和未来价格变化趋势做出判断；市场中大量存在非理性投资者，他们对于上一期的资产价格非常敏感。如果上一期或最近多期的价格变化没有形成趋势，他们会根据公共和私人信息做出自己的判断，一旦价格变化形成趋势，则会停止这种判断。基于以上原因，上一期价格是对投资者的交易行为产生影响的重要因素。

（2）$Asset_{t-1}$ 投资者上一期期末持有的资产数：投资者会考虑已持有的资产数，并结合上期末的资产价格，形成本期的价格预期和是否购买资产以及购买多少的信念。

（3）$Cash_{t-1}$ 投资者上一期期末持有的现金数额：同样，投资者上一期末持有的现金数额是否会影响本期的价格变化趋势。

（4）$Priceforecase_{t-1}$ 投资者上一期对价格预期的准确度：预测价格的准确度 =（预测价格 – 实际当期平均价格）/实际当期平均价格。

（5）$Sell_{t-1}$ 上一期出售的资产数量：希望通过观察上一期投资者出售的资产数量来检验本期投资者的交易行为。

（6）Buy_{t-1} 上一期购买的资产数量：希望通过观察上一期投资者购买的资产数量来检验本期投资者的交易行为。

4.3.1.2　回归结果

在进行投资者特征分类时，除了按第 3 章的方法将投资者的投资行为分为内在价值投资者、趋势投资者和理性投机投资者三类之外，遵循根据权重配比的原则。

首先，从表4-4中可以看到，控制了个体效应和固定效益之后，三种类型的投资者中，上一期的价格与购买之间都是负相关，说明所有投资者的投资行为都会受到上一期价格的影响。其中，理性投资者的购买决策与上一期预测价格准确率之间有显著负相关关系，另外两种投资者上一期预测价格准确率与购买决策之间有显著正相关关系，符合对这一类投资者以内在价值作为重要判断标准的划分。

表4-4 不同投资策略下的买入行为的泊松回归分析（控制个体固定效应）

变量（买入）	内在价值交易者	趋势交易者	理性交易者
$Price_{t-1}$	- 0.0050824	- 0.0013358	- 0.001975
$Asset_{t-1}$	0.0004815	0.0017543	0.0006212
$Cash_{t-1}$	0.0000138	0.0001166	- 0.001347
$Priceforecast_{t-1}$	0.001338 **	0.0000218 ***	- 0.0044966 *
Buy_{t-1}	0.5865698	0.3085552	0.6876743
Number of obs	460	496	445
Prob > chi2	0.0000	0.0176	0.0000

注：* p<0.1，** p<0.05，*** p<0.01。

其次，表4-5是对三类投资者的出售资产行为与其上一期价格预测的准确率之间的关系做了泊松回归的结果。在控制了个体效应和固定效益之后，结果显示，三类投资者的上一期出售资产数与出售资产的行为都有显著的正相关关系。其中，理性投资者的决策行为中负相关关系最为明显。其中，理性投资者的出售决策与上一期预测价格准确率之间有显著正相关关系，另外两种投资者上一期预测价格准确率与出售资产决策之间有显著负相关关系。

表4-5 不同投资策略下的卖出行为的泊松回归分析（控制个体固定效应）

变量（卖出）	内在价值交易者	趋势交易者	理性交易者
$Price_{t-1}$	0.0021242	0.0011108	0.0012575
$Asset_{t-1}$	- 0.0007881	- 0.0016409	- 0.000798

续表

变量（卖出）	内在价值交易者	趋势交易者	理性交易者
$Cash_{t-1}$	0.0001035	− 0.0002305	0.0001649
$Priceforecast_{t-1}$	− 0.0014426 **	− 0.0002511 ***	0.0018987 **
$Sell_{t-1}$	0.2917892	0.2173835	0.6267708
Number of obs	460	496	445
Prob > chi2	0.0000	0.0498	0.0000

注：* p < 0.1，** p < 0.05，*** p < 0.01。

4.3.2　Logistic 回归模型及结果

接下来，检测影响资产交易价格下降的因素。由于交易价格是否下降是一个 0、1 变量，本书采用 Logistic 回归进行分析。以下是 Logistic 回归的模型设置，因变量是价格是否下降的 0、1 变量，μ_i 表示个体效应的常数；ε_{it} 表示随个体和时间变动的扰动项，即：

$$LogitY = Z_i = \beta_0 + \beta_1 Price_{t-1} + \beta_2 Asset_{t-1} + \beta_3 Cash_{t-1}$$
$$+ \beta_4 Priceforecase_{t-1} + \beta_5 Sell_{t-1} + \mu_i + \varepsilon_{it}$$

4.3.2.1　参数设置

本部分 Logistic 回归的参数设置与 Poisson 回归的参数设置一致。

4.3.2.2　回归结果

通过表 4 - 6 中价格下降的 Logistic 回归协方差系数可知，价格的下降变化与投资者上一期出售的资产数量显著相关，也受到上一期投资者对价格判断准确程度的影响，而与上一期持有的资产和现金数量无关。

表 4 - 6   **价格下降的 Logistic 回归分析**

变量	内在价值交易者	趋势交易者	理性交易者
$Price_{t-1}$	- 0. 00449 ***	- 0. 00311 **	- 0. 000678
$Asset_{t-1}$	0. 00123	0. 00222 *	- 0. 00166
$Cash_{t-1}$	0. 00130 *	0. 000232	- 8. 13e - 05
$Priceforecast_{t-1}$	0. 00325 ***	0. 00221 **	0. 00334 ***
$Sell_{t-1}$	1. 918 ***	1. 953 ***	2. 221 ***
Constant	- 1. 355 ***	- 1. 725 ***	- 1. 645 ***
Number of obs	460	496	445
Prob > chi2	0. 0000	0. 0000	0. 0000

注：*** $p < 0.01$，** $p < 0.05$，* $p < 0.1$。

4.4　实验稳健性检验

为了检验实验中设置的两种风险感知环境是否对被试者的市场行为产生不同影响，本小节首先通过图 4 - 4 检测实验市场产生的价格泡沫，对比两个市场泡沫的区别。其次通过检验预测准确性对最终收益的影响，说明预测准确性不影响投资者的最终收益。最后用双重差分的方法，再一次检测两市场是否存在差异，说明市场中强弱两种风险感知的环境对投资者的行为产生了影响。

从图 4 - 4 中可以看到，两个市场中都出现了价格泡沫。但是，在风险感知强的市场 1 价格偏误更明显。

图 4 - 5 对比了这个市场中投资者对资产价格预测偏误对于投资者最终收益的影响。其中，图 4 - 5 (a) 表示高风险感知的市场，图 4 - 5 (b) 表示低风险感知的市场。从两个图中可以看出，无论是在低风险感知市场还是在高风险感知市场，预测价格偏误不会对最终收益造成明显影响。

图 4 - 5 中圆点的大小表示给交易者的市场力量。市场力量是已发行股

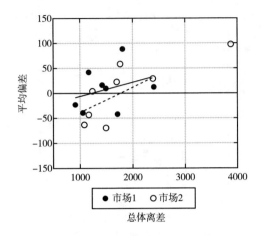

图 4 – 4   比较两个市场中的价格泡沫

注：图中实心点表示市场 1 中各投资者的表现，空心点表示市场 2 中各投资者的表现，圆点大小表示其市场影响力，实线表示市场 1 的线性回归直线，虚线表示市场 2 的线性回归直线，横轴表示总体离差，纵轴表示平均偏差。

份百分比的平均值和个人持有现金总存量的百分比。它被用来衡量市场的影响力（Haruvy and Noussair，2006）。个体投资者 i 的市场力用 MP_i 表示，等于 $\sum (0.5 s_{it} / \sum_i s_{it} + 0.5 \, m_{it} / \sum_i m_{it}) / 15$。变量 s_{it} 为 i 在开始时拥有的资产单位数。t 和 m_{it} 是指个人 i 在这段时间的开始。加权市场力量的风险感知旨在反映事实上，那些拥有更大购买能力的个人的风险感知和价格预测往往对市场活动有更大的影响。

双重差分法是在假设实验组和对照组的变化趋势一致的前提下，通过有固定效用的两次差分进行回归。其基本思想是通过对比两种不同条件下的差异。该方法能较好地克服内生性问题，体现对比两组数据差异的净效应，多适用于比较两个面板样本之间的差异。

为了检验两组市场的价格是否存在显著不同，对两组市场做了双重差分分析（different-in-defferent），总样本量为 1450 个，其中，对比前控制组样本数量为 272 个，实验组为 476 个，对比后控制组样本数量为 271 个，实验组为 431 个。结果显示，不同风险感知的两个市场有显著不同（p < 0.05）。

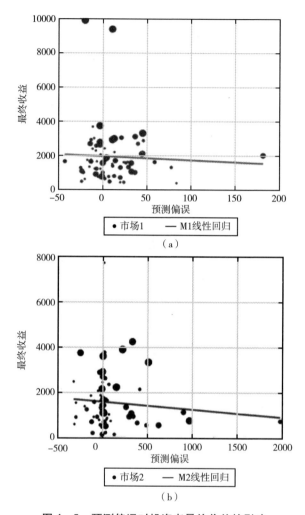

图 4 – 5   预测偏误对投资者最终收益的影响

注：图中圆点表示市场 1 中各投资者的表现，圆点大小表示其市场影响力，实线表示市场 1 的线性回归直线，横轴表示预测偏误，纵轴表示最终收益。

4.5   本章小结

笔者根据行为金融学理论建立了金融市场实验的理论模型，考虑市场参与者在不同风险感知影响下，如何进行预测和确定需求做出投资的决策。根据现实金融市场交易中投资者的风险感知情境，实验设计将资本交易市场中的连续竞价机制融合投资者心理和认知偏差中，基于泡沫参数及市场力等方法分析实验数据，发现投资者在不同风险感知影响下投资行为出现明显偏差，风险感知强的交易环境下产生的资产价格明显偏离其内在价值。

为了契合本书研究目的，本章实验对传统的实验室金融市场实验进行了以下处理。

（1）根据行为金融学理论建立了金融市场实验的理论模型，从投资决策过程、风险感知的测量、市场反应、过度自信和自我归因以及不同投资策略下的投资需求五个方面，考虑市场参与者在不同风险感知影响下，如何进行预测和确定需求并根据市场环境建立静态的自信模型，做出投资的决策。

（2）针对现实金融市场交易中的风险感知情境，设计一个实验室金融市场实验，将资本交易市场中的连续竞价机制融合到投资者心理和认知偏差中，基于泡沫参数及市场力等方法分析实验数据，发现投资者在不同风险感知影响下投资行为出现明显偏差，风险感知强的交易环境下产生的资产价格明显偏离其内在价值。

运用 Possion 回归检测卖出买入次数的影响因素、Logistics 回归检测价格下降的影响因素，以及 Different-in-different 等方法对两市场比较的稳健性检验。通过实验得到以下有意义的结论：（1）受风险感知影响明显的知情投资者的私人信念使市场价格严重偏离其内在价值。（2）投资者的购买和出售资产行为显著受到上一期价格预测准确率的影响。其中，理性交易者的价格预测准确度与出售行为成正比，另外两种投资者的价格预测准确度与购买行为成正比。（3）考虑了风险感知影响的情况下，价格的下降变化与投资者上一期出售的资产数量显著相关，也受到上一期投资者对价格的判断准确程度的影响，而与上一期的持有的资产和现金数量无关。

第 5 章

社交网络下考虑风险感知的
人工金融市场设计

　　从第 4 章实验室金融市场实验的结果分析可以得到，在排除了社交网络干扰的情况下，投资者的风险感知对投资决策和资产价格的影响。值得注意的是，该实验的设置参与者之间完全没有交流，与现实中人与人之间的关系不相符。特别是随着信息技术、网络和移动终端设备的发展，以及互联网金融的出现，都为本书研究提出了新问题：网络环境下投资者的风险感知呈现出何种特点。为此，本章通过人工金融市场进行仿真模拟，研究投资者在不同网络结构下风险感知的变化。本章设计的人工金融市场实验平台以自适应多智能体技术和双向连续竞价交易模式为理论基础，通过 20 项类文件来刻画市场与自适应智能体模拟的"投资者"。根据本书研究内容需要，本章将从价格形成、市场机制、投资者异质性和社交网络四个方面，逐步阐述实验平台的设计。具体来说：第 1 节描述二元信息交互机制下价格的形成；第 2 节通过博弈论在网络中的应用介绍市场的交易机制；第 3 节从风险感知的刻画延伸到投资者异质性行为的优化更新；第 4 节引入两种社交网络结构；第 5 节介绍实验的流程设计和实施过程；第 6 节是本章小结。

5.1　二元信息交互机制下的价格形成

5.1.1　市场信息披露水平的设置

金融市场如同其他开放的复杂系统，市场中的投资者可以通过多种媒体获得公共机构发布的信息，也可以通过社交网络获得其他公共信息，不需要支付额外的成本。由于个人获得信息的能力和分析处理信息的能力不同，公共信息的发布在一定程度上会影响市场上的信息不对称水平，从而影响投资者的决策和收益。

假设市场上的投资者仅需要获取内在价值信息 $\hat{I}_{i,t}$，$i = 1, 2, \cdots, n$。内在信息的公布是公共信息，不需要支付成本。信息成本是累进的，即获取信息越多，需要支付的信息成本越高。将获取相同信息的投资者定义为获得同一信息层次的投资者，信息层次使用符号 $\aleph \in [0, n]$。假设获得更高层次的信息，需要支付更高的信息成本，即 $C_n > C_{n-1} > C_{n-2}, \cdots, C$。此时，得知的私人信息就越多，即得到的 $\hat{I}_{i,t+1}$ 越多。

金融市场信息透明程度对投资者预期和风险感知产生重要的影响，当信息透明程度较高时，市场对内在价值信息披露完备，投资者的公共信息较充分，私有价值差异较小；当市场信息透明程度较低时，市场对内在价值信息披露不足，投资者的公共信息较少而私有信息差异较大。当对信息 $\hat{I}_{j,t}$，$j = 1,2,\cdots,m$ 进行披露时，公共信息集变为 $\{\hat{I}_{j,t}, j = 1,2,\cdots,m,\beth\}$，私有信息随着信息层次和信息成本的增加逐渐增加。

5.1.2　双向决策定价机制下的价格决定

本章设计的市场采用二元信息交互机制，每只股票的市场结算价格由交易双方决定。

给定持股量为$h_{i,t}^*$，市场机制描述如下：令$b_{i,t}$为投资者 i 在第 t 期提交的买入的股票数量，并设$o_{i,t}$为在第 t 期投资者 i 愿意交易的股票数量，明显有：

$$b_{i,t} = \begin{cases} h_{i,t}^* - h_{i,t-1}, h_{i,t}^* > h_{i,t-1} \\ 0, h_{i,t}^* \leqslant h_{i,t-1} \end{cases} \quad (5-1)$$

并且：

$$o_{i,t} = \begin{cases} h_{i,t-1} - h_{i,t}^*, h_{i,t}^* < h_{i,t-1} \\ 0, h_{i,t}^* \geqslant h_{i,t-1} \end{cases} \quad (5-2)$$

进一步，令：

$$B_t = \sum_{i=1}^{N} b_{i,t} \quad (5-3)$$

且：

$$O_t = \sum_{i=1}^{N} o_{i,t} \quad (5-4)$$

其中，B_t和O_t分别表示第 t 时期市场中的总出价交易量和总要价交易量，而 N 表示投资者的数量。

根据理性策略模型，可以由超额需求$B_t - O_t$得到一个简单的价格调整策略模型：

$$P_{t+1} = P_t[1 + \omega(B_t - O_t)] \quad (5-5)$$

其中，ω是B_t和O_t之差的函数。ω可以解释为价格调整的速度。考虑ω函数为：

$$\omega(B_t - O_t) = \begin{cases} \tanh\omega_1(B_t - O_t)(B_t \geqslant O_t) \\ \tanh\omega_2(B_t - O_t)(B_t < O_t) \end{cases} \quad (5-6)$$

其中，tanh 是双曲正切函数，即：

$$\tanh(x) \equiv \frac{e^x - e^{-x}}{e^x + e^{-x}} \tag{5-7}$$

由于 P_t 不能为负，允许超额需求和超额供给的调整速度不对称。以上价格调整过程的一个隐含假设为市场上流通的股票总数是固定的，即：

$$H_t = \sum_i h_{i,t} = H \tag{5-8}$$

此外，假设分红和税收由现金支付，则现金支付总额为：

$$M_{t+1} = M_t(1 + r) + H_t D_{t+1} \tag{5-9}$$

5.2　市场交易机制

5.2.1　计时交易

本节用风险感知准确率模型来讨论投资者的时间决策。假设 $F(\pi)$ 是分布在支撑点 $[\bar{\pi}, \underline{\pi}]$ 上有一个密度函数，$\bar{\pi}$ 和 $\underline{\pi}$ 表示 π 取值的上下限。为了便于说明，假设等待或者滞后时间 t_k 不依赖于信号 s_i，即使投资者的最优行为依赖于 s_i 和 π_i，信号 s_i 的值对收益也没有影响。这一结果是根据正态分布的以下性质：即使在信号 $s^{(1)}$，…，$s^{(k)}$ 的条件下，状态变量 v 的条件方差不依赖于信号本身的值，即：

$$\mathrm{Var}(v \mid s^{(1)}, \pi^{(1)}, \cdots, \pi^{(k)}) = \frac{1}{\pi_0 + \pi^{(1)} + \cdots + \pi^{(k)}} \tag{5-10}$$

式（5-1）表示条件风险感知准确率，即上述方差的倒数与风险感知准确率集合 $\pi_0 + \pi^{(1)} + \cdots + \pi^{(k)}$ 一致。上述变量与 v 的误差平方为 $(a_i - v)^2$，出现在收益函数中，即当投资者 i 的行为 a_i 是最佳选择时：

$$a_i = E[v \mid s^{(1)}, \pi^{(1)}, \cdots, s^{(k)}, \pi^{(k)}] \tag{5-11}$$

由于这个特性，考虑上面给出的最佳投资行为，信号s_i只影响投资行为a_i的时间选择，不会影响交易的其他因素。

5.2.2 两个投资者的博弈

出于简单考虑，先考虑两个投资者的情形，即$n=2$的模型。一旦一个投资者行动，博弈立即结束。第二个投资者没有"羊群行为"的便利，也没有额外等待时间。虽然两个投资者的情况不是本节主要讨论的情形，但它以一种简单的形式说明了均衡条件。先考虑风险感知更精确的投资者是否提前或推迟行动，即均衡等待时间是否在精确度π_i中增加或减少。为了确定这一点，讨论投资者在博弈中面临的经济动机。每个投资者都可以通过延迟其投资行为潜在地观察另一个投资者的投资行为，并从中获益，但延迟行动代价高昂。当然，具有更精确信息的投资者从观察其他投资者的信息中获得的好处相对较少，成本更高。因此，假设均衡等待时间$t_1(\pi_i)$在投资者的先验风险感知准确率π_i中减小。由于投资行为的单调性，观察投资行为的时间和历史投资行为，使剩余的投资者可以推断出第一个行动者的私人信息。要计算最佳时间，考虑一个投资者i，其选择等待时间$t_1(\hat{\pi}_i)$（即达到风险感知准确率$\hat{\pi}_i$的等待时间），投资者的实际类型是π_i。假设另一个投资者j的风险感知准确率低于$\hat{\pi}_i$。在本例中，投资者i在时间$t=t_1(\hat{\pi}_i)$时行动，早于投资者j，并且在不观察投资者j行动的情况下选择投资行为a_i。

投资者i的问题是选择一个最小化误差平方$(a_i-v)^2$的行为，因为其他参数$e^{-r t}$和u_0现在是固定的。如上所述，最佳交易行为是$a_1(s_i,\pi_i)=E[v\mid s_i,\pi_i]$，误差平方的期望值等于$\mathrm{var}(v\mid s_i,\pi_i)=\dfrac{1}{\pi_0+\pi_1}$。因此，投资者$i$的预期收益定义为$e^{-r t_1(\hat{\pi}_i)}e^{-r_u(\pi_0+\pi_i)}$，其中，$u(\Pi)=u_0-1/\Pi$是（未折现的）收益，市场总风险感知准确率为$\Pi$。

相反，另一个投资者j的风险感知准确率可能大于$\hat{\pi}_i$。在这种情况下，投资者j将其等待时间点$t_1(\pi_j)$设置得比投资者i短。因此，投资者i在时

间 $t_1(\pi_j)$ 观察投资者 j 的投资行为 $a_j = E[v \mid s_j, \pi_j]$。通过观察这两个变量，投资者 i 可以完美地推断投资者 j 的私有信息：首先，投资者 i 从作用时间 $t_1(\pi_j)$ 精确地估计 π_j 的值，因为 $t_1(\pi_j)$ 在 π_j 上是单调的。其次，因为知道 π_j 的值，投资者 i 从投资行为 $a_j = E[v \mid s_j, \pi_j]$ 中学习 s_j 的精确值，该投资行为在 s_j 上递增。投资者 i 现在完全知道投资者 j 的私有信息，除了投资者 i 自己的信息外，还选择了 $a_2(s_i, s_j, \pi_i, \pi_j) = E[v \mid s_i, s_j, \pi_i, \pi_j]$ 作为后继投资行为。由于来自投资者 j 的附加信息，误差平方的期望值减小到：$Var(V \mid s_i, s_j, \pi_i, \pi_j) = \dfrac{1}{\pi_0 + \pi_j + \pi_i}$，在时间 $t_1(\pi_j)$ 上的操作。因此，预期收益为：

$$e^{-rt_1(\pi_j)} u(\pi_0 + \pi_i + \pi_j) \tag{5-12}$$

通过上述参数能够表述目标函数：

$$U(\hat{\pi} \mid \pi_i) = \int_{\hat{\pi}}^{\overline{\pi}} e^{-rt_1(\pi_j)} u(\pi_0 + \pi_i + \pi_j) dF(\pi_i) + F(\hat{\pi}) e^{-rt_1(\hat{\pi}_i)} u(\pi_0 + \pi_i)$$

$$\tag{5-13}$$

这是当投资者 i 等待到 $t_1(\hat{\pi}_i)$ 时收到的报酬，然后最优地选择 1。但是这种定时选择 $t_1(\hat{\pi}_i)$ 可能与实际的等待时间 $t_1(\pi_i)$ 不同。在均衡中，投资者 i 通过将 $t_1(\hat{\pi}_i)$ 设置为等于均衡等待时间 $t_1(\pi_i)$ 来最大化该表达式。在 $\hat{\pi}_i = \pi_i$ 处计算的一阶条件为：

$$f(\pi_i)\left[u(\pi_0 + 2\pi_i) - u(\pi_0 + \pi_i) \right] = r\left(-\frac{dt_1(\pi_i)}{d\pi_i} \right) F(\pi_i) u(\pi_0 + \pi_i)$$

$$\tag{5-14}$$

该条件决定了等待时间 $t_1(\pi_i)$ 的平衡值。

为了解释一阶条件，假设投资者 i 将 $\hat{\pi}_i = \pi_i$ 略微减小 $d\pi_i$，并将式（5-14）的两边乘以 $d\pi_i$。在左侧，$f(\pi_i) d\pi_i$ 表示由投资者 i "羊群行为" 的可能性的增加（即 $\pi_i < \pi_j$ 的可能性）。在这种概率下，投资者 i 获得 $u(\pi_0 + 2\pi_i) - u(\pi_0 + \pi_i)$，评估在 $\pi_j = \pi_i$ 时的 "羊群行为" 净效益。因此，式（5-14）左边代表投资者从增加的 "羊群行为" 机会中获得的边际收益。相反，在式

（5－14）的右边，等待时间的边际增加使折扣因子 $e^{-rt_1(\pi_i)}$ 以 $r(-t_1')d\pi_i$ 的速率减小。非"羊群行为"事件（即 $\pi_j < \pi_i$）的概率为 $F(\pi_i)$，投资者 i 收到非"羊群行为"收益（$\pi_0 + \pi_i$）。从这个意义上说，式（5－14）右边捕捉到投资者 i 额外等待的时间但不观察新信息的情况。投资者 i 不会获得净"羊群行为"收益，但会承受更大的折扣成本。因此，条件式（5－14）平衡了额外等待实际的边际成本。一阶条件导数（5－14）简化为：

$$-r \cdot \frac{dt_1(\pi_i)}{d\pi_i} = h(\pi_i)\Gamma(\pi_i, \pi_0) \qquad (5-15)$$

其中，$h(\pi_i) = f(\pi_i)/f(\pi_i)$ 是（反向）风险感知准确率，即：

$$\Gamma(\pi_i, \pi_0) = \frac{u(\pi_0 + 2\pi_i) - u(\pi_0 + \pi_i)}{u(\pi_0 + \pi_i)} \qquad (5-16)$$

风险感知准确率描述了"羊群行为"的瞬时概率。投资者 i 可以通过将等待时间从 $t_1(\pi_i)$ 略微增加到 $t_1(\pi_i - d\pi_i)$，将"羊群行为"的机会增加 $h(\pi_i)d\pi_i$。"羊群行为"增益说明了一个投资者从以同样的风险感知准确率观察另一个投资者的信息中获得信息的准确程度。例如，当收益从 $u(\pi_0 + \pi_i) = 1$ 改进为 $u(\pi_0 + 2\pi_i) = 1.5$ 时，改进率为 50%，相应 Γ 值为 1/2。因此，等待时间 t_1 由这两个因素决定：瞬时"羊群行为"的机会和"羊群行为"的收益率（除了贴现率 r 之外）。通过求解方程（5－16）的初始条件 $t_1(\overline{\pi}) = 0$，得到唯一的平衡等待时间。

假设 n = 2，存在唯一分离对称均衡。第一步的均衡等待时间为：

$$t_1(\pi_i) = \frac{1}{r}\int_{\pi_i}^{\overline{\pi}} h(\pi)\Gamma(\pi, \pi_0)d\pi \qquad (5-17)$$

在第一次行动之后，另一个投资者 i 将毫不延迟地行动。

5.2.3　多个投资者的博弈

现在用 n 个投资者来求解这个模型，在这个模型中，一个投资者的行为不像两个投资者的模型那样终止交易。为了简化符号，用 $\pi(1,\cdots,k)$ 表示向量 $[\pi(1),\cdots,\pi(k)]$。为了说明简便，继续假设等待时间 $t_{k+1}[\pi_i;\pi(1,\cdots,k)]$ 随 π_i 减小，观察了 k 个先前的投资者的投资行为之后，考虑投资者的决策问题。当第 k 个投资者的投资行动发生时，剩余的投资者从 $t_k[\pi(k);\pi(1,\cdots,k-1)]$ 学习第 k 个投资者的行为，风险感知准确率 $\pi(k,\cdots,k-1)$ [即第 $(k-1)$ 个和第 k 个行动之间的时间间隔]，从第 k 个投资者的投资行为 $a_k(s^{(1,\cdots,k)},\pi^{(1,\cdots,k)})=E[v\mid s^{(1,\cdots,k)},\pi^{(1,\cdots,k)}]$，在 $s(k)$ 中增加。一旦 i 成为下一个行动者，i 就选择行动 $a_i=E[v\mid s^{(1,\cdots,k)},s_i,\pi(1,\cdots,k),\pi_i]$，使误差平方 $(a_i-v)^2$ 最小。条件方差 $Var(V\mid s^{(1,\cdots,k)},s_i,\pi(1,\cdots,k),\pi_i)$，表示误差平方 $(a_i-v)^2$ 的期望值，在这种情况下为 $\dfrac{1}{\Pi_k+\pi_i}$，其中，$\Pi_k=\pi_0+\sum\limits_{l=1}^{k}\pi^l$ 表示第 k 次行动后累积的公共风险感知准确率。

在观察到 k 行动之后，投资者 i 接收到一个回报 $u(\Pi_k+\pi_i)$。当 $k=0$ 时，设 $\pi(0)=\overline{\pi}$。函数 $F_{k+1}(\pi^{(k+1)}\mid\pi^{(k)})=[F(\pi^{(k+1)})/F(\pi^{(k)})]^{n-k-1}$ 代表第 $(k+1)$ 个行为风险感知准确率的条件分布，即来自第 $(k+1)$ 个行为不包括投资者 i 本身的可能性。与两个投资者的情况一样，优化问题提供了以下一阶条件，适用于两个投资者：

$$f_{k+1}(\pi_i\mid\pi^{(k)})[u(\Pi_k+2\pi_i)-u(\Pi_k+\pi_i)]=$$
$$r\left(-\frac{dt_{k+1}}{d\pi_i}\right)f_{k+1}(\pi_i\mid\pi^{(k)})u(\Pi_k+\pi_i) \qquad (5-18)$$

其中，利用 $V_{k+1}[\pi_i\mid\pi(1,\cdots,k),\pi_i]=u(\Pi_k+2\pi_i)$，发现具有最高边际风险感知准确率的投资者无须等待。另外，通过 $f_{k+1}/f_{k+1}=(n-k-1)h$，得到了临界等待时间：

$$-\frac{dt_{k+1}}{d\pi_i}=\frac{n-k-1}{r}h(\pi_i)\Gamma(\pi_i,\Pi_k) \qquad (5-19)$$

通过求解式（5-19），得到了均衡等待时间。

假设存在唯一的对称分离平衡，第 k 个行为的等待时间为：

$$t_{k+1}(\pi^{(k+1)} \mid \pi^{(1,\cdots,k)}) = \frac{n-k-1}{r} \int_{\pi^{(k+1)}}^{\pi^{(k)}} h(\pi)\Gamma(\pi,\Pi_k) \quad (5-20)$$

给出上述定理证明了对称分离平衡点的存在性和唯一性，在对称分离平衡点中，各投资者利用新信息的竞争不断更新其投资行为时间，投资行为时间按各投资者的私人观测风险感知准确率严格排序。平衡点与经验结果相一致，具有高级信息的投资者采取更及时的行动。此外，式（5-28）刻画了投资者在时间博弈中面临的经济力量。例如，由于更多的"羊群行为"机会，n 的增加加强了"羊群行为"的激励，结果投资者放慢了行动速度。

5.3 从风险感知到投资者异质性行为的刻画

5.3.1 投资者风险感知建模

对于风险的测量主要有三种方法：标准风险测量法、相对风险测量法以及基于价值的风险测量方法。为了计算简便，这里采用标准风险测量法。

标准风险测量方法假设 $P = \{X, Y, Z, \cdots\}$，X，Y，Z 表示风险感知结果的概率分布。将该概率分布正态化得到不确定结果的可能性分布风险集 P^0：

$$P^0 = \{X' \mid X' = X - \overline{X}, X \in P\} \quad (5-21)$$

其中，$\overline{X}$ 表示 X 分布的平均值；X′表示 X 的标准风险。对于任何 X，X′=0。

假设投资者在第 t 期买入资产，通过价格预测考虑 t′期卖出，设预测价格为 P′，则风险感知测度为：

$$R_p^t(\overline{x}. \ x') = \varphi(\overline{x})[R_t(x') - R(0)] \quad (5-22)$$

其中，$\overline{x} = FV_t + \overline{P_t'} - P_t - FV_t'$，$R_t(x') = -E[U(x-\overline{x})]$，U 是 VNM 效用函

数。$\bar{x}$ 是指假设在 t 期购买资产，在 t' 期出售的情况下，资产的预期平均回报；FV_t 和 $FV_{t'}$ 分别代表 t 期和 t' 期的资产内在价值；P_t 是资产出售时的价格，$\bar{P}_t'$ 是出售的平均价格。即：

$$\begin{cases} x, x \geqslant 0 \\ U(x) = \lambda x, x < 0 \quad \lambda \text{ 是损失规避系数 } \lambda > 1 \end{cases} \qquad (5-23)$$

$$U(x - \bar{x}) = U(d_t - FV_t + P_{t'} - \bar{P}_t' - d_{t'} + FV_{t'}) \qquad (5-24)$$

其中，$(x - \bar{x})$ 指风险均值为 0 时的标准风险变量。x 表示由赌均值和标准风险因子两个维度构成的风险感知测度方法。$\varphi(\bar{x}) > 0$ 时，为减函数。$Rt(x')$ 是对标准赌的测量，d 表示分红的分布，因为 $d_t - FV_t$ 和 $d_{t'} + FV_{t'}$ 都为正态分布。

投资者在进行信息交互时，由自信程度参数来控制是否受邻居的影响以及受邻居影响的程度。借鉴已有的研究，投资者会设定参照点作为自己损失和收益的评价标准。在社会交互网络动态环境下，投资者会将社交圈的平均收益作为自身损益的评判标准。每交易期结束，投资者会对比自己收益和邻居平均收益，调整自信程度，决定下期决策中是否更相信邻居或者自己的判断。

5.3.2 投资者异质性行为建模

投资者异质性包括投资者的目标和适应性的异质性。从投资者的动机出发引入效用函数。为了简单起见，假设所有投资者均为绝对常数风险规避（CARA）的效用模型，即：

$$U(W_{i,t}) = -\exp(-\vartheta W_{i,t}) \qquad (5-25)$$

其中，$W_{i,t}$ 是交易主体 i 在时间 t 的财富；ϑ 是相对风险规避程度。投资者可以通过投资交易积累财富。市场中有有无风险两种资产。在任何时点上，投资者可以通过两种方式持有财富。即：

$$W_{i,t} = M_{i,t} + P_t h_{i,t} \tag{5 - 26}$$

其中，$M_{i,t}$ 和 $P_t h_{i,t}$ 分别表示投资者 i 在 t 时点上持有的现金和可交易性资产的数量。给定投资组合（$M_{i,t}$，$h_{i,t}$）投资者的总财富为 $W_{i,t+1}$：

$$W_{i,t+1} = (1 + r) M_{i,t} + (P_{t+1} + D_{t+1}) h_{i,t} \tag{5 - 27}$$

其中，P_t 为可交易性金融资产在第 t 期间的价格；D_t 为公司支付给股东的每股现金分红。D_t 服从随机游走过程。考虑财富的动态变化，每个投资者的目标是最大化的当期期望效用函数：

$$E_{i,t}\big[U(W_{i,t+1}) \big] = E\big[-\exp(-\vartheta\, W_{i,t+1}) \,|\, I_{i,t} \big] \tag{5 - 28}$$

其中：

$$W_{i,t+1} = (1 + r) M_{i,t} + (P_{t+1} + D_{t+1}) h_{i,t} \tag{5 - 29}$$

其中，$E_{i,t}(\cdot)$ 为投资者 i 在给出他在时点 t 的信息层次（用信息集 $I_{i,t}$ 表示）下财富 W_{t+1} 的条件期望值，r 为无风险利率。在 CARA 效用和高斯分布下，投资者 i 股票持有量 $h_{i,t+1}^{*}$ 与他的预期超额收益的线性关系函数为：

$$h_{i,t+1}^{*} = \frac{E_{i,t}(P_{t+1} + D_{t+1}) - (1 + r) P_t}{\vartheta \sigma_{i,t}^{2}} \tag{5 - 30}$$

其中，$\sigma_{i,t}^{2}$ 是给定 $I_{i,t}$ 的条件方差（$P_{t+1} + D_{t+1}$）。

投资者预期收益由 $E_{i,t}(P_{t+1} + D_{t+1})$ 和 $\sigma_{i,t}^{2}$ 决定。根据 Martingale 假说，假设下面关于 $E_{i,t}(\cdot)$ 的函数：

$$E_{i,t}(P_{t+1} + D_{t+1}) = (P_t + D_t) 1 + \theta_1 \tanh(\theta_2 \cdot f_{i,t}) \tag{5 - 31}$$

该函数形式的优点是，假如 $f_{i,t} = 0$，从投资者的行为可以验证 Martingale 假说。从集合 $\{i \mid f_{i,t} = 0\}$ 的基数 $N_{i,t}$ 可以知道市场有效性假说在投资者中被接受的程度。投资者个体行为函数 $f_{i,t}(i = 1，\cdots，N)$ 是由后面小节中给出的关于社会学习策略中搜索的遗传程序共同决定的。对于主观风险感知方程，对最初由奥图尔等（Authur et al.，1997）使用的等式进行改进：

$$\sigma_{i,t}^2 = (1 - \theta_3)\sigma_{t-1}^2|_{n_1} + \theta_3\left[(p_t + D_t - E_{i,t-1}(p_t + D_t))^2\right] \qquad (5-32)$$

其中，$\sigma_{t|n_1}^2 = \dfrac{\sum\limits_{j=0}^{n_1-1}\left[P_{t-j} - \overline{P}_{t|n_1}\right]^2}{n_1 - 1}$，且 $\overline{P}_{t|n_1} = \dfrac{\sum\limits_{j=0}^{n_1-1}P_{t-j}}{n_1}$。

也就是说，$\sigma_{t-1|n_1}^2$ 是基于过去 n_1 观测值的历史数据波动率。

5.3.3　社会策略学习与策略优化

人工金融市场中的投资者可以看作一个投资者不断进化的自适应性种群。遗传算法广泛应用于动态经济学中以来，得到了推广和提升。陈和叶（Chen and Yeh，1996）根据计算经济学提出了基于投资者的单族群遗传算法（single-population，GP）。在单族群遗传算法中，每个树型结构看作投资者的预测模型；投资者为了适应预测模型可以直接用标准操作表示单族群 GP。本书考虑对单族群 GP 进行改进，其特点是在人工金融市场中增加一个商学院的策略学习机制和锦标赛制策略优化机制。这里的商学院与现实世界中的商学院相似，主要由预测模型（教师）和学员组成，包含不同类型的策略学习模型。首先，设商学院有 F 个预测模型。如果把商学院看作一个预测模型的集合，可以很好地利用单族群 GP 模型来模拟投资者的社会策略学习与策略更新。由于教师和学员可能会关心不同的问题，因此，在本书中，投资者选择不同的"适应功能"来处理这样的区别，如预测的准确性。考虑采用平均绝对值百分比误差（MAPE）作为预测准确性的量度函数。其次，单族群 GP 以标准方式进行优化更新。每个预测模型由树型结构（GP parse tree）表示。按预先指定的时间表评估预测模型，每分钟为 1 个交易日。评估程序收益如下。

在评估日 t，每个预测模型由"来访者"评估。"来访者"是从另一个商学院在第 $t-1$ 天收集已有的模型中随机生成的模型，用 GP_{t-1} 表示，由三种算子之一遗传、交叉和变异，各自的概率为 p_r、p_e 和 p_m。在遗传或突变的情况下，首先随机选择两个预测模型：$gp_{j,t-1}$ 和 $gp_{k,t-1}$。这两个预测模型在

过去的 m_2 天预测 MAPE 已计算出来。然后对这两个预测模型采用锦标赛选择，选择 MAPE 较低的一个，如 $gp_{j,t-1}$。其次基于 MAPE 准则再次举办主 $gp_{j,t-1}$ 和访客 $gp_{j,t-1}$（在复制的情况下）或 $gp'_{j,t-1}$（在突变的情况下）的比赛，而这次比赛的获胜者是 $gp_{i,t}$。

在交叉的情况下，随机选择两对预测模型，如（$gp_{j_1,t-1}$，$gp_{j_2,t-1}$）和（$gp_{k_1,t-1}$，$gp_{k_2,t-1}$）。分别对每一对采用锦标赛制选择，获胜者被选为父策略，子策略（gp_1，gp_2）也同时产生。随机挑选与 $gp_{i,t-1}$ 竞争，获胜者是 $gp_{i,t}$。

下面是商学院策略学习模型的介绍。考虑商学院的适应过程，投资者的决策更新分为两步完成。第一步，决定该投资者是否应该回到商学院重新学习；第二步，在实际投资操作中，投资者是否应该依据在校学习的模型？在现实世界中，"第一个决定"会更多考虑心理上的感受以及同龄人的压力。这里同行压力作用的建模方法是假设每个投资者都会研究自己在过去的 n_2 个交易日的业绩，与其他交易人的业绩对比，并对投资者按过去 n_2 个交易日的财富净变化值排序。设 $W_{i,t}^{n_2}$ 是投资者 i 在 t 时间段财富的净变化，即：

$$\Delta W_{i,t}^{n_2} \equiv W_{i,t} - W_{i,t-n_2} \tag{5-33}$$

假设 $R_{i,t}$ 表示投资者的排名。那么，假设投资者 i 在 t 期末去商学院学习的可能性由以下函数表达，即：

$$\rho_{i,t} = \frac{R_{i,t}}{N} \tag{5-34}$$

这意味着，当 $R_{i,t} < R_{j,t}$ 时，$\rho_{i,t} < \rho_{j,t}$，即排名靠前的投资者比排名靠后的投资者压力更小。除了同龄人的压力，投资者还可能出于自我实现的目的决定回到学校。

假设过去 n_2 天的财富增长率为：

$$\delta_{i,t}^{n_2} = \frac{W_{i,t} - W_{i,t-n_2}}{|W_{i,t-n_2}|} \tag{5-35}$$

令 $q_{i,t}$ 表示交易者 i 在第 t 天回到商学院学习的概率，则：

$$q_{i,t} = \frac{1}{1 + e^{\delta_{i,t}^{n2}}} \qquad (5-36)$$

对于密度函数的选择，应满足：

$$\lim_{\delta_{i,t}^{n2} \to \infty} q_{i,t} = 0 \qquad (5-37)$$

和：

$$\lim_{\delta_{i,t}^{n2} \to -\infty} q_{i,t} = 1 \qquad (5-38)$$

借鉴已有的研究，投资者会设定参照点作为自己损失和收益的评价标准（Kahneman 和 Tversky，1979）。在社交网络中，投资者会将社交圈中的平均收益作为自身损益的评判标准。每一期交易结束时，投资者会将自己的收益与周围投资者的平均收益进行对比。如果自身收益大于平均收益，则会调大自信程度，即下一期的决策中提高自己判断在决策中所占权重；如果自身收益小于平均收益，则会调小自信程度，即下一期的决策中降低自己判断在决策中所占权重。自信程度的调整公式为：

$$g_{k,t} = \omega \cdot g_{k,t-1} + (1-\omega) \cdot \frac{R_{i,t} - \sum_{<k,l>} R_{j,t} / \theta_k}{R_{k,t}} \qquad (5-39)$$

其中，$g_{k,t}$ 表示投资者 k 在 t 时间上的自信程度；ω 表示投资者自己判断在决策中所占的权重；θ_k 表示投资者 k 在 t 时间上的风险感知；R 表示投资者的收益。因此，取得进步的投资者会更加自信，在商学院继续学习的概率降低，而那些遇到困难的投资者将产生强烈的更新策略的欲望。

总之，对投资者 i 来说，去商学院学习的决定可以被认为是一个独立两阶段的伯努利（Bernoulli）实验。第一次实验成功的概率是 $\rho_{i,t}$。如果第一次实验结果成功，投资者会去商学院学习；如果第一次实验的结果失败，投资者将继续进行第二次实验并且成功的概率是 $q_{i,t}$。如果第二次实验的结果成功，那么投资者将进入商学院。否则，投资者将退学（见图 5-1）。

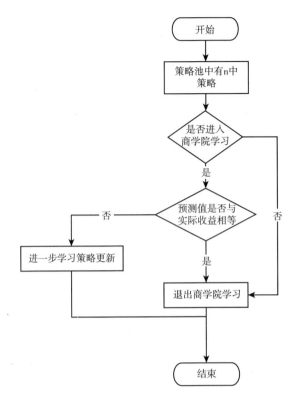

图 5 - 1　商学院学习流程

如果 $\tau_{i,t}$ 表示投资者决定去上学的概率，则：

$$\tau_{i,t} = \rho_{i,t} + (1 - \rho_{i,t})q_{i,t} \qquad (5-40)$$

5.3.4　投资者预期及演化

每个投资者都有一个备选预测规则集，这些规则可以将市场状态映射到预测参数。每个投资者独立地演化自己的预测规则集遗传算法。使用各种遗传算法的概率不同。在模拟过程中，如果规则的"if"条件与市场状态匹配，则将添加到自身的策略池中。投资者从策略池中选择最佳方案预测下一期价格和分红。所有投资者的需求累积起来，调节交易总需求，达到市场价格平衡。如果总报价和总出价之间的差异大，价格会反复进行调整，直到两者价差足够小为止。最终的试行价格被设定为当期的价格，然后投资者更新他们的现金以及完成交易后的持仓量，所有投资者更新其预测活动策略池中的预测策略。预测函数是投资者用来估计价格的关键因素之一，即：

$$\begin{cases} E(p_{1,t+1} + d_{1,t+1}) = a(p_{1,t+1} + d_{1,t+1}) + b \\ E(p_{2,t+1} + d_{2,t+1}) = a(p_{2,t+1} + d_{2,t+1}) + b \end{cases} \quad (5-41)$$

其中，a 和 b 是常数。为了建立最优预测，投资者保持 K 个候选预测池中的策略。这些预测规则通过 if - then 语句调用，将市场状态映射到以 a、b 为参数的预测规则。规则的每个预测价格与实际价格误差和是该规则的过去预测错误平方，即：

$$Var_t = \sqrt{\left(1 - \frac{1}{\theta}\right)Var_{t-1}^2 + \frac{1}{\theta}\left[(P_{1,t} + d_{1,t}) - E(P_{1,t} + d_{1,t})\right]^2 + \left[(P_{2,t} + d_{2,t}) - E(P_{2,t} + d_{2,t})\right]^2} \quad (5-42)$$

预测规则的一个重要特征是适应度与遗传算法。预测规则测度的预测适应度方差和异质度为：

$$fitness_t = - Var_t - bitcost \times specifity_t \quad (5-43)$$

其中，bitcost 是常量。

每个投资者都独立地进化出一组基于适应度的动态 GAs 预测规则。在每个交易期结束时每个投资者的学习过程以一定的概率独立运行。根据适应度测量选择要拒绝的规则，由复制、变异和交叉剩余部分产生的新规则代替旧规则。根据式（5-42），预测规则是基于适应度而演变的，这意味着预测规则误差越小，通用性越好，生存的可能性就越大。当选择最佳规则时，使用不同的方法：

$$choice = sigma \times Var + (1 - sigma) \times (-suit) \quad (5-44)$$

其中，sigma 是常数。Var 衡量了该规则过去的表现，suit 衡量规则与当前市场状态的匹配程度。更新后的规则选择能更好地反映现实世界的情况。评估规则时，投资者需要平衡过去的表现和现在的表现，因此，他们不仅考虑这种预测方法过去的预测精度，还要考虑它是否符合当前市场信息。预测规则"选择"最小值是下一步预测的最佳准则。

5.4 社交网络的引入

截至目前，已将人工金融市场中的市场交易结构和投资者的个人行为特征做了设置，但是没有考虑投资者之间的联系。在第 3 章的实验室环境中，投资者之间是没有任何交流的，所有交易行为都是投资者对市场公共信息的理解做出的决策。但是很容易发现，这种情况在现实世界中几乎不存在。特别在网络高度发达的今天，投资者之间存在多种交流形式，如线上的和线下的随机交流。下面对互联网环境下投资者之间联系交流的形式做界定。

5.4.1 小世界网络

本书采用小世界网络的动态集合，在人工金融市场中加入的小世界网络，以模拟现实世界中的动态线下和线上社交网络情形。

复杂动态网络其拓扑结构各顶点之间的连接可以是有规律或完全随机的，也称为"小世界"网络现象（也称为"六度分离"）。例如，电网结构或社交网络成员的联系图都是小世界网络的例子。

考虑采用一个随机循环程序在规则网络和随机网络之间进行插值。网络中有 n 个顶点与 k 条边相连，每条边连接的顶点是随机分布的，概率为 φ。这个结构可以在规则性（$\varphi=0$）和无序性（$\varphi=1$）之间进行调整，取中间区域 $0<\varphi<1$。将这些图的结构性特征用路径长度 $L(\varphi)$ 和聚类系数 $C(\varphi)$ 来描述。其中，$L(\varphi)$ 测量图中两个顶点之间的分离程度（全局属性），而 $C(\varphi)$ 衡量一个邻居关系（局部属性）。网络中有许多稀疏但仍保持连接的顶点，要求 $n>k>\ln(n)$，其中，$k>\ln(n)$ 保证图形各顶点被连接。在这个社会网络结构中，当 $\varphi\to0$，各顶点之间的连线是固定且规则的，当 $\varphi\to1$，各顶点之间的连线是无序且完全随机。因此，$\varphi = 0$ 处是一个规则的高度聚集网络，其中，L 与 n 呈线性增长，而在 $\varphi = 1$ 处的随机网络是一个弱聚类。

如果是具有宽间隔的 φ，其中，$L(\varphi)$ 几乎和 L_{random} 一样小，但 $C(\varphi) >$ C_{random}。$L(\varphi)$ 长度下降，形成由短边连接的顶点，否则会相隔 L_{random} 很远。每条短线在 L 上都具有高度的非线性效果，缩短了顶点之间以及邻居与邻居之间相连的距离。如 $C(\varphi)$ 所反映，C 边缘为了缩短连线距离从一个密集的区域发出连线。大多数情况下，对于小 φ 值，即使 $L(\varphi)$ 迅速下降，$C(\varphi)$ 的线性影响几乎保持不变。为检验这些结果，研究者测试了许多不同类型的初始规则图，以及随机重新布线的不同算法，所有这些研究得出相似的结果。唯一的要求是重新布线的边必须连接顶点，否则要远得多。限于本书的篇幅，只对小世界网络做了简单概述。

上面的理想化结构揭示了这种小世界网络连接。小世界现象不仅仅是对社交网络的探讨，也是通用化的模型，它是许多大型稀疏网络的通用模型。本章研究小世界的意义在于通过理解网络连通性的动力系统，解释线上和线下社交网络中风险感知的产生和传播机制。

5.4.2　无标度网络

为了在人工金融市场中更好地反映这种投资者之间联系交流的状态，本书无标度随机网络来模拟大型互联网环境下投资者之间的信息交流和相互影响的机理。

与许多大型网络一样，采用无标度网络结构模拟互联网环境的一个特点，顶点连接遵循无标度幂律分布。该特点包含两种遗传机制的结果：（1）在网络中添加新顶点；（2）将新顶点连接到已接入网络的节点。这种模型观测到的无标度分布表明，大型网络的发展趋势是复杂和超越个别系统细节的自组织系统。基于系统异质性的遗传网络，如互联网中信息的传递可以很好地描述为具有复杂拓扑结构的网络。

无标度网络是由不可识别的具有异质性和非局部交互作用的元素组成的

系统。它是一种由拓扑结构形成的非常复杂的网络，其顶点是系统中的元素，而边代表了"主体"个体之间的互动。在社会科学中，其顶点是个人或组织，边缘表示社会中它们之间的相互作用。传统上，复杂拓扑网络是用随机图理论来描述，但在缺乏大型网络数据的情况下，随机图理论的预测在现实世界中很难得到检验。当数据采集计算机化后，由于拓扑信息越来越多，提高了认识网络大系统动力学和拓扑稳定性的可能。

存在于大规模复杂网络中的无标度网络系统具有高度自适应特征。对于大型数据库，需要跨越不同领域的大型网络拓扑结构在科学上表明其系统及各组成部分的特性。系统网络中的一个顶点与其他 n 个顶点相互作用的概率为 $\phi(n)$，服从幂函数，表明大型网络最终将进入自适应的无标度状态，具有随机不可预测的特征。

为了了解这种规模的特性，本书结合成长和优先次序考虑现有的网络模型，这是真实网络的两个关键特征。结合这两种成分，能够表明它们的幂律，与实际网络中观察的缩放性一致。此外，这些要素很容易识别，在许多复杂系统中发挥重要作用，这意味着这种无标度网络与自然界中观察的一大类网络相符。

在真实网络中，有两个特点在静态的小世界和无标度模型中没有考虑。首先，静态小世界和无标度模型假设从一个固定数量（N）的顶点开始；其次，随机连接（ER 模型）或重新连接（WS 模型），N 不改变。但是，大多数现实世界的网络是开放的，它们不断添加新的顶点，因此，在整个生命周期中，网络中顶点的数量 N 不断增加。例如，社交网络中，网络随着新社交成员的增加而呈指数增长。因此，这些系统的共同特点是网络通过向系统中增加已存在的顶点连接新顶点而不断增长。

另外，静态网络模型假设两个顶点连接是随机和一致的。而大多数真实的网络表现出连接的优先性次序。例如，一个社交新成员最初加入网络时有可能不会处于中心位置，再逐渐成为人们熟知的核心成员。因此，一个新成员与一个被熟知的社交成员的联系要比与其他不知名的社交成员联系的可能性高得多。同样的情况也会出现在金融市场的投资者之间，一个不成熟的新投资者更可能与一名知名的或者是收益高的老投资者建立联系，而不是与其他不知名的或者是收益不高的投资者建立联系。这些例子说明，新顶点连接到现有顶点的概率是不一致的，但是有更高的概率连接到已经有许多连接数的顶点。

　　社交网络动态流程如图 5 - 2 所示。

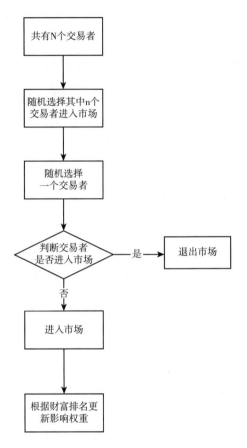

图 5 - 2　社交网络动态流程

　　接下来将说明基于这两方面的模型其标度不变的分布。结合网络的成长特点，对于少量的顶点（m_0），其边长 $m(\leqslant m_0)$ 将连接到系统中的新顶点 m_1。该网络以概率演化为尺度不变状态，一个顶点的 k 边遵循幂律和指数模型。正如在真实网络中观察的幂函数所描述的那样，不同网络在发展的不同阶段具有的规模不同，一个合适的模型应该提供与时间无关的主要特征分布。事实上，$\phi(k)$ 与时间无关，因而也与系统大小 $m_0 + t$ 无关。这表明，尽管该系统不断增长，但它将自己构造成一个无标度的静止状态。

模型中幂函数标度的发展表明偏好性选择在网络发展中起着重要作用。为证实成分是必要的，同时研究模型的两个变体。假设模型 A 保留网络的增长特性，但是新顶点与系统中任何顶点的连接概率相等，表明没有优先连接，消除了分配。在模型 B 中，从 N 个顶点开始，没有边。每一步随机选择一个顶点，并将其通过顶点 i 连入系统中。在早期，模型表现出幂律标度，边的数量随着时间的增加而增加，系统达到所有顶点都连接的状态。说明对于观察的平稳幂指数分布的发展需要两个要素：生长和优先级。

先要考虑优先级连接，一个顶点获得了比另一些顶点更多的连接，将以更高的速率增加其连接性，因此，连接性的初始差异随着网络的增长，两个顶点之间的距离将进一步增加。其中，t_i 是顶点 i 添加到系统中的时间，使用网络连接上的时间解析数据可以测试其缩放特性。因此，更老的（t_i 值较小）顶点以增加它们与较年轻的（t_i 值较大）顶点的连接度为代价来增加其连接性，从而导致随着时间的推移，在真实的网络中很容易发现一些高度连接的顶点会出现一种连接"加速度"的现象。

成长和偏好性选择是许多复杂事物发展的共同机制，在所有系统中都能观察到成长和偏好性选择的状态，许多复杂网络都具有这一通用属性。由于目前可获得的拓扑信息较少，深入地描述这些系统将有助于理解其他复杂系统。通常认为，系统不是开放的或生长的，它们的特征是通过遗传编码进化的。然而，遗传和信号网络在无标度结构下可以反映以不同成分的生长和聚集为主导的进化过程，如从简单的分子到复杂的有机体。随着在基因网络中地图绘制的快速发展，这些问题的答案可能即将被解开。由于无标度不均匀性是自组织的必然结果，类似的机制可以解释支配竞争系统的社会和经济差异的根源。基于有偏信息单个顶点的局部决策朝向更出色的顶点，无论其性质和起源可见度。

5.4.3　不同规模的社交网络

社交规模的大小是投资者风险感知传染的重要的参数。在本实验中，投资者采用三类不同大小的社交网络规模：大的社交圈由 150 人和 100 人组成，中等的社交圈由 50 人组成，小型社交圈由 10 人和 5 人组成。

首先研究策略规模对市场的影响。分别给出各投资者采用不同策略时的具体价格变化趋势。如果网络规模大，投资者有更多从邻居那里获得信息的机会，影响他们预测市场的判断。因此，网络规模对投资者风险感知有一定影响。其次本书改变了不同网络规模下的不同策略投资者，并且对比不同投资策略者在各种网络规模下的风险感知模拟。

5.5　实验设计与流程

5.5.1　模拟金融市场的设计思路

该实验设计的目的是通过运用自适应多智能体（multi-agent）的方法模拟金融市场中投资者的投资决策和社会学习过程，探索投资者的风险感知在市场环境和网络中的变化规律以及受其影响的投资者行为的演化规律。同时，需要充分考虑投资者异质性和采取的不同投资策略，将不同投资策略的投资者的风险感知演化规律进行比较，提出对于如何监控投资者的风险感知，维持金融交易市场的健康运行秩序提供政策建议。在已有的研究中，学者们对市场基本结构、价格形成机制、市场演化机制、投资者在市场交易过程中的预期和对价格的预测以及网络学习和自我学习更新等方面有诸多研究，构建了不同类型的市场交易和投资者行为模型。但对于研究互联网环境下线上与线下的交流对于投资者风险感知的影响还未有涉及。

本实验平台研究投资者的行为、投资者行为的复杂性和异质性是本章实验模型重点关注和思考的问题。本实验模型设计的投资者行为的复杂性主要体现在以下三个方面。

（1）信息传播渠道的多样性。市场中的信息有公共信息也有私有信息。信息传播渠道的多样性不仅让投资者获得信息层次不同，同时投资者对信息质量的评估也不同，从而对信息的反馈行为也不尽相同。另外，私有信息和公共信息获得的成本不一样，也是投资者在决定是否获取信息时需要考虑的因素。

（2）投资者的异质性。投资者受限于获得信息的能力、资产、偏好等各方面原因，对于相同投资环境的决策存在极大的异质性。这种异质性的存在，是金融资产价格和交易市场呈现复杂多样的动态特征，也使对金融市场风险的研究复杂化。刻画投资者在市场运行中的行为决策，要充分考虑和深入理解这些投资者行为的特征，例如从众行为、羊群效应，以及市场信息演化的动力学特征。

（3）投资者策略的多样性和动态性。由于不同策略的投资者的决策受到经历背景、习惯、性格等多方位的影响，使其差异很大。即使是同一投资者，随着环境和其他投资者表现的变化，在不同时期也呈现出动态性。例如，投资者根据比较市场上一期的平均收益与自己个人的收益，以及上一期的预期收益准确性调整投资策略。投资者策略的多样性和动态性进一步提升了金融市场的复杂性。

考虑以上总结的金融市场复杂性特点，本章对传统的多智能体金融市场实验平台做进一步的优化处理。首先，针对市场信息传播渠道的多样性，将信息传播渠道分为市场发布、投资者搜寻、投资者交互三种形式。其中，三种渠道的信息都呈现不同信息披露水平，形成不同的信息层次。本章将企业定义为信息发布的主体，引用信息层次的概念表征投资者获得信息量的多少。企业初期可以主动公布相关的信息，也可以暂时不公布信息，留待期末发放分红时再发布。其次，对投资者异质性的刻画。本实验平台设计的场景是投资者在一个连续双向竞价交易机制的金融市场中进行交易，程序使用了财富、风险厌恶程度、信息异质性程度、预期策略、投资者影响力系数以及投资者自信程度系数等参数对投资者异质性进行刻画。特别是参照式（5 - 19）设置了投资者风险感知的测量参数，在调整信息披露水平、网络规模等参数值大小时，计算投资者的感知风险系数。通过比较不同网络结构下投资者感知风险系数的变化，发现投资者行为的演化规律。最后，对于投资者策略的多样性和动态性，会形成融合商学院的社会学习以及线上和线下的交互学习，由复制、交叉和变异三种方法进行优化，并根据市场平均收益与投资者上一期的收益进行比较，以此更新自信程度。

5.5.2 模拟金融市场的流程设计

资本交易市场中投资者基于自身的投资策略和偏好特征进行投资决策，同时通过自主学习不断调整对价格的预测策略和投资策略。市场中信息的不对称导致投资者行为决策的形成和演化，推动交易完成和金融市场交割的变化。资产市场中的信息不对称是真实市场中突出的现实问题。真实市场中投资者基于不对称信息与邻居和网络上的信息不断演化投资策略，做出投资决策，其风险感知的变化到底如何值得我们关注。信息层次作为一个从市场中抽象出来的概念本身是难以刻画和观测的，因此，在本章中，通过模拟金融市场对其加以设定。信息层次在本实验中表示投资者可从市场中获得的有效准确的信息，设定的信息是市场中的公共信息，市场的参与者都可以获得，但由于投资者自身的特征对每个投资者个人的行为影响不同。由于传统人工金融市场的市场效率不高，对投资者的异质性假设缺乏充分的行为金融学含义，更难以体现投资者在社区和互联网环境受到周围环境的影响。因此，设计的动态复杂网络交易环境模拟现实市场中的人与人之间动态交流与联系。为了让研究结果更接近现实，人工金融市场模型的设置十分重要。

通过小世界网络来描述线下的社区网络，代表着传统的人与人之间面对面交流为主的社交形式，是一种不够高速和发达的、信息获取量少且随机性不强的网络形式。相对地，随着金融市场和互联网经济的不断渗透，互联网金融逐渐进入传统的金融市场，依托互联网的高速信息渠道投资者获取信息和人与人之间联系的随机性日益明显。无标度网络用来模拟线上的互联网网络，投资者从中可以获得大量有效信息，更新自己的投资决策，是一种高度发达、信息获取量大且随机性很强的网络形式。

图5-3是关于人工金融市场平台流程，由市场运行机制、预测策略优化和网络交互优化三部分组成。其中，预测策略优化和交互网络优化依托小世界网络实现，市场的主体运行部分调用JAVA-Swarm程序实现。

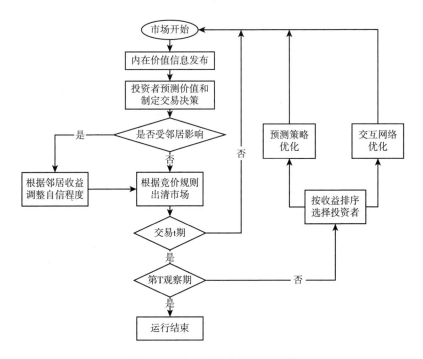

图5-3　人工金融市场运行流程

5.5.3　仿真市场实验的初始参数设置

为了本书研究人工金融市场平台顺利运行，表5-1列出了市场参数的初始值设置。第6章和第7章将在本实验平台的基础上，针对信息层次和网络规模两个方面对社交网络中风险感知的演化规律进行研究。

表 5 - 1　　　　　　　　人工金融市场的参数初始值设置

参数名称	数值
市场参数	
市场参与人数	50
初始持股数	1
初始现金持有量	200
无风险利率	0.1
分红最小值	0.005
分红最大值	1
风险厌恶系数	0.5
策略优化参数	
固定常数	100
自信系数	0.5
最大试算周期	10000
网络参数	
总结点数	180
随机连接	0.5
规则网络连接	2
优先连接	3
邻近连接	1

　　对人工金融市场的参数初始值设置分为三类。第一类是有关市场的参数设置，包括市场中投资者的人数、投资者初始持股数、初始持有的现金量、无风险利率、持股分红的最大值和最小值以及投资者的风险厌恶系数。第二类是有关投资者进行策略优化的参数，包括优化的固定次数、常变量参数以及最大试算周期数。第三类是有关网络的参数，包括初始的总结点数、随机连接系数、规则网络的连接个数、优先连接个数以及临近连接的个数。

5.6　本章小结

　　仿真平台拓展了实验室实验的结果，将社交网络考虑进实验中。本章从价格形成、市场机制、投资者异质性和动态社交网络四个部分描述了实验平台的设计，并在第 5.5 节说明了模拟金融市场的设计思路、设计流程和初始参数设置。

与现有的人工金融市场相比，本市场的机制和投资者特质设置有以下改进：（1）市场机制和交易环境以两人的双向交互信息为基础，考虑了两人博弈和多人博弈两种情况。（2）投资者异质性参考实验室实验的设计，设置了三种策略的投资者，并在此基础上讨论了投资者适应的异质性，即考虑投资者策略的更新和转换。（3）本实验计算了投资者风险感知和自信程度，以及价格的形成机制。投资者的预测策略和该策略的更新学习使其在市场中的自适应能力更强。（4）复杂动态网络的设计采用小世界现象和无标度网络方法，通过设置不同结构的网络连接状态，讨论投资者在不同的社交网络下风险感知和投资行为的变化。

本章构建的人工金融市场，为第 6 章和第 7 章的实验提供了技术支持保证。各部分的设计是在参考传统人工金融市场文献的基础上加以改进和扩展，以达到更贴近现实世界与前面的实验室实验更具有对比性的目的。

| 第 6 章 |

社交网络中不同信息层次下
考虑风险感知的投资者行为

信息披露水平和信息质量是金融市场效率与运行的重要条件，公司的信息披露水平对金融市场的影响一直以来是监管部门和研究者积极探讨的问题。随着互联网和信息技术的迅速发展，互联网金融作为一种新业态逐渐进入人们的视野，在互联网金融环境下的投资者行为引起了研究者的关注。为了进一步研究不同信息披露层次下风险感知如何受到互联网和网络社区的影响，本章在第 5 章构建的人工金融市场基础上，模拟现实世界中不同交互水平的社交网络，通过计算出不同信息披露水平下三种网络结构中投资者的风险感知水平，讨论不同信息披露层次下多种网络结构对投资者的风险感知的作用。具体来说：第 1 节从公共价值和私人价值两个层面分析了公共信息的价值；第 2 节从信息的聚类和滞后以及投资者行为聚类的角度分析社交网络中风险感知产生的原因；第 3 节对不同信息层次下三种策略投资者的风险感知进行模拟计算，拟合出风险感知的时间序列曲线，并进行稳健性分析；第 4 节是本章小结。

6.1 公共信息的价值

公司财务数据是否应该强制性披露是金融市场监管和经济学中非常具争

议的话题之一。对此问题长期存在多方面的观点：市场倡导者认为，投资者更喜欢可靠和详细报告公司目前的经营状况和未来前景的信息，因而希望企业提供充分的会计信息。因为会计信息越透明，资本成本越低，因而公司有披露会计信息的经济动机，没有必要强制披露。但是，监管倡导者认为，必须立法要求公司披露一定数量的会计数据。否则，企业管理者的私利会引导他们不披露真实、公正的信息，而是披露他们想要公众知道的信息。但是，双方都认为，公布财务信息对市场参与者是有益的。

在过去的 30 年里，现代金融经济学的市场效率学说认为，当市场信息是完全有效的，所有信息都会充分反映在价格上，没有任何超额期望回报的可能。研究人员通过实证研究发现，真实市场在公开信息方面显示出高度的信息效率。然而，在过去的 20 年里，有效市场假说出现了严峻的挑战。首先，实证研究得到越来越多与有效市场假设相悖的现象，例如择时效应、规模效应、自相关效应和账面价值效应等多种因素用作解释金融市场异象。其次，越来越多的以信息经济学为基础的理论文献认为，市场信息是成本高昂的，因而造成信息分布不对称和信息负价值。这些理论方法寻求解决最初的信息悖论。如果股票价格完全符合有效市场假说（Fama，1970），那么投资者将没有获取昂贵信息的动机。因为在揭示市场规律时，价格变得多余，没有投资者会为此付出成本。相反，如果没有人处理信息，价格不会传达任何信息。已有的研究试图通过许多方法来寻求解决这个悖论。有效市场假说越削弱，会计信息有用论就越得到重视。如果价格反映所有可用的信息，那么对交易者是有益的。信息披露的真正挑战不是来自有效市场假说，而是来自市场处于低效率水平时如何运行。更多信息等于更好的投资表现的观点忽视了一个事实：投资决策是一个复杂的博弈论，需要考虑复杂的市场环境。有学者认为，信息总是有正价值，获得的信息质量越好，越能帮助投资者做出正确的决策。但是，帕累托最优说明，在市场上均衡条件下，一个人的决策质量提高了，那么至少会有另一个人的决策质量下降，市场最终是具有复杂信息结构的零和博弈。

本章从公共信息和投资决策质量的视角，采用第 5 章的模拟仿真金融市场来验证信息质量是否对投资者的风险感知产生影响。先来看一个简单的模型，该模型模拟了一个只交易一种证券的交易周期、证券净供给为零的市场。在每次模拟交易中，以投 11 次硬币决定资产的价值。A 面向上代表价值为 0，B 面向上代表价值为 1，$V \in [0, 11]$。因此，V 是一个二项式分布从 0~11 的随机变量。交易是在一个要价市场上进行的，价格是固定的，由交易者下订单决定。卖家数量等于买家数量，各 5 人。

　　假设交易者都是风险中性的，以预期财富最大化为目标，每一期只进行一笔交易。信息是外生设置的，但不是平均分配。在交易之前，每个交易者 I_t 都会收到一定数量的现金，交易者的信息层次为 IL_t，以及特定的交易者噪声项。假设信息不对称是累积的：$t > y > 0$，$IL_{t-y} \in IL_t$。如果忽略噪声，下面的假设成立：任何一个交易者都有具有优势的信息，在收到信号后迅速做决定被称为"主动交易者"。如果有信息层次为 IL_n 的主动交易者看到 n 次掷硬币结果，其中，x 次显示价值为 1（n − x 次显示价值为 0），他期望证券的价值为 $E_t(V) = x + 5.5 - n/2 + d_t \varepsilon$，其中，x 是他看到的结果的总和，他没有看到的掷硬币结果的预期价值为 5.5 − n/2，$d_t \varepsilon$ 是交易相关的噪声项。在这个模拟中，$d_t \varepsilon$ 是一个在 −0.5~0.5 均匀分布的随机变量，由 ε 和非零离散参数 d_t 组成，用来衡量交易者从接收到的信号内容中提取信息的能力，其中，d_t 代表了财务分析能力。就是说，投资者在信息层次越高时犯的错误越多。模拟开始的时候，所有 10 个交易者具有相等的非常低的 d_t。噪声项 $d_t \varepsilon$ 也存在 d_t 不为零的前提假设，排除如果是 2 个或者更多的交易者会得出同样的 V 值估计值的情况，市价 P 是交易者订单的中位数。当交易者采取积极的投资策略，他们订单的预期价值为 $E_1(V), \cdots, E_{10}(V)$。由于交易者被假定为严格的风险中性，如果 $P < E_t(V)$，交易者购买证券，因为预期证券定价过低；如果 $P < E_t(V)$，则交易者出售该证券，因为预期证券定价过高。当 $d_t \neq 0$ 时，总有五个交易者买入另外五个交易者卖出的股票，即在一次交易期间中有两个相等随机数的概率接近于零。如果 $d_t \neq 0$，市价和内在价值之间的差异不为零，投资者将永远无法达到最佳的信息效率。因此，在每个交易期间中，交易者损益 G 计算为：当定价过低时，$P < V$，买方获得收益

$G_买 = V - P$，卖方损失 $G_卖 = P - V$；当定价过高时，$P > V$，买方损失 $G_买 = V - P$，卖方获得收益 $G_卖 = P - V$。

该市场是信息低效率的，不仅因为一些技术上的原因，更大程度上是因为它的规模小，投资者对市场价格有显著影响。以下简短的例子将进一步阐明如何理解公共信息的价值。

6.1.1　公共信息的私人价值

将市场中每个交易者都能接触的信息称为"公共信息"（PI）。假设投资者 i 看到的是这 11 枚硬币中的 t 次结果。当公共信息层次 PIL = 1 时，公众信息层次很低：每个交易者只看到第一枚硬币投掷结果。如果所有的投资者都采取积极的策略，且他们都有很强的能力来评估收到的信息和观察预期收益（即每次计算收益），可以发现交易有赢家和输家，得失之和为零。通常认为，赢家是那些拥有较多信息量的交易者而输家则是信息量较少的交易者。然而，令人疑惑的是，交易者 T_2 比交易者 T_1 差，交易者 T_3 比交易者 T_2 差。对于交易者 T_2 和交易者 T_3，尽管他们了解更多情况，但是边际信息的效用为负，而对于所有具有 $IL_t \geq IL_4$ 的交易者，符合信息正边际效用的预期情形。假设信息不对称是累积的，那么交易者依赖部分相同的信息子集。如果这些信息子集在整个信息方面有偏，交易者基于这些信息子集的决策将犯同样的错误，并将导致价格明显偏离内在价值。拥有高信息层次的投资者认识到这些错误定价并获利，信息层次低的交易者因为没有足够的知识落入陷阱而避免损失。下面的举例中每个例子都显示了不同的硬币分布，但都具有相同的内在价值 V = 6。

第一大组包含 A 组和 B 组，信息分布无偏。只知道整个信息集部分子集的交易者与知道所有信息的交易者的表现大致相同；第二大组包含 C 组和 D 组，信息分布极为有偏。只知道整个信息集中部分子集的交易者可能会受到知道全部信息的投资者的误导。

为了得到更真实的结果，假设参数 d_t 离散。结果发现，如果信息分布无偏,则交易者的信息层次和表现为:在 A 组和 B 组中信息分布无偏,信息层次高的交易者和不太知情的交易者一样有可能成为赢家或失败者;但是,在 C 组和 D 组信息分布极为有偏,将有三种情况:(1)信息层次高得多的人会获利;(2)信息层次一般的人会损失,因为他们会犯许多其他人会犯的同样的错误;(3)对信息知之甚少的人会获利,但他们成为信息偏误的受害者。在概率非常低的情况下,如果公共信息层次一般,那么知情是有价值的。但是,如果知情交易者较少,更多信息可能没有甚至是负的价值。

接下来考虑公共信息层次(PIL)上升会发生什么。经济学的研究文献通常认为,公共信息层次上升缩短了信息层次跨度,即市场中信息最丰富和信息最少的交易者之间的信息差距。

一个市场中所有交易者按照个人获得的信息层次(IL)分为最不知情投资者(T_1)到最知情投资者(T_8)。假设市场中没有公开信息,每个交易者都有不同的信息层次,根据定义,最不知情的交易者的 IL 很低,最知情的交易者的 IL 很高,信息差距非常大。假设法律规定一个最低限度的信息披露要求,每个人都能免费获得最低水平的信息,那么可以得到以下内容。

(1)如果引入 PIL_x,那么,IL 函数首先遵循水平线 PIL_x 变化;其次沿着向上的斜线变化:所有交易者 T 的 IL 当 $IL_t < PIL_x$ 时得到改善,而当 $IL_t > PILx$ 时保持不变。

(2)如果引入 $PIL_y(y > x)$,IL 函数首先遵循水平线变化;其次沿着向上的斜线变化:所有交易者 T 的 IL 当 $IL_t < PIL_y$ 时获得改善。

随着公共信息层次的提高,有两种结果:公共信息层次越高,信息差距越小;越来越多的交易者会使用公共信息层次进行决策。已有的经济学文献只关注第一效应,但其实第二点比第一个效应更重要,尤其是当公共信息层次从基本模型中 PIL_1 改进为所有交易者都有同样的信息。

如果交易者信息边际效用为正,从 PIL_1 到 PIL_5,公共信息的任何改进都伴随着基于公共信息层次决策的交易者预期收益降低。如果直接比较从 PIL_1 移动到 PIL_5 的情况,会发现信息层次改善的交易者的绩效变好,而信息层次保持不变的投资者的绩效不变。法律通过加强信息获得水平低的市场参与者，同时削弱消息灵通的交易者的信息优势，推进公共信息层次的改进，扁平化信息跨度。

相反，如果交易者信息边际效用为负，当公共信息层次上升，（1）依赖内在价值信息的交易者会估计安全性的内在价值；（2）许多其他交易者同样根据公共信息做出决定，犯下同样的错误。在某种程度上，第（2）因素支配着第（1）因素。因为无论通过何种途径获得信息，财务分析技术尤其是余额分析报表、损益表、现金流量表等基本相同。因此，交易者分析相同的财务使用相同技术的语句将高度相关。

公布的财务报表可以看作从总数中抽取的一个关于公司未来前景的信息样本。然而，样本可能是有偏的或者无偏。如果样本是无偏的，则认为利用这些信息进行交易，不会犯错误。但很可能公司的财务报表信息会有偏。在这种情况下，所有投资者因为这些有偏信息做的决策都会得到相同结果的错误结论。从投资组合理论来看，基本财务回报是协方差而非方差。那么，一个类似的影响是：交易者在评估信息时所犯的错误与他们所拥有的信息不相关，至少部分地分散开；相反，如果错误信息是相互关联的，会导致比在没有公开信息的情况下更高的错误定价决策。

为了证明这一点，仍然用与之前例子相同的设置，但考虑 PIL_5 而不是 PIL_1，因为至少有五个交易者，他们的噪声项估计只与 $d\varepsilon$ 有关。由于结果是随机的，交易者可能赢也可能输。在小组 A 中，投资者 T_1，…，T_5 和 T_7 都接收到相同的信号。市场结算价格（中间价）取决于 $d\varepsilon$ 略低于或略高于 8。如果 $d\varepsilon$ 较小，在任何情况下，T_6 将成为买方，而 T_8，…，T_{10} 将成为卖方。而交易者 T_1，…，T_5，T_7，他们的 $d\varepsilon$ 将决定他们是买家（赢家）还是卖家（输家）。因为他们成为买家的概率是 2/3，成为卖家的概率是 1/3。将预期损失分配保持博弈的零和性质。如果与之前的结论相比较，会发现在没有公众信息参与的情况下有以下五种情况。

（1）之前最不知情的交易者是赢家，现在公共信息的出现使他们成为输家。

（2）之前由于信息较少的交易者是输家，现在仍然是失败者，尽管他们个人的信息层次有所改善。

（3）之前中间交易者是输家，现在仍为输家。

（4）之前获得信息较多的投资者成为输家，而现在是赢家。

（5）之前获得信息最多的投资者成为赢家，现在仍然是赢家。

总之，改进公共信息层次导致更严重的错误定价。但是，从公共信息的程度来看，进改较高层次的公共信息层次带来的预期结果是：如果公共信息层次超过 PIL_5，使用公共信息的交易者绩效将提高；如果所有交易者已经达到相同的信息层次，价格反映了所有可能的信息，没有人能通过交易自己的信息改善现状，信息效率达到帕累托最优。

6.1.2　公共信息的社会价值

随着对有效市场假说争论的增加，甚至有人质疑公开信息披露程度如何影响个体投资者投资行为这个问题的合理性。他们提出公共信息的个人价值值得怀疑，又如何看待公共信息的社会价值？即使财务报告标准合理，能否期望一个公平的市场，不仅对资金有吸引力，而且对广大的小投资者也有吸引力？高水平的公共信息能否提高市场配置效率？信息披露能否真正解决"信息获取的不对称性"？随着信息公开，交易者之间的不平等实际上会扩大而不是减少。因为做出和别人一样错误决定的危险越来越大，信息的增加很容易被抵消。市场配置效率也不太可能通过获取更多的公共信息来增强。在本模式中，全市场如果在任何一个运行中，$P = V$，则给出效率（内在价值效率）。计算市场在所有 m 次运行中错误定价的方差，$\sigma_M^2 = \sum_s^m (P_s - V_s)^2 / m$，从而得到市场效率的完美指标。最优内在价值效率的情形是，如果 $\sigma_M^2 = 0$，市场是高度有效的，并且 σ_M^2 越大，定价体系的效率就越低。可以看出，如果所有的交易者都是有条件的，市场效率是最高的，拥有同样高水平的信息。在 PIL_{10} 的情况下，市场价格完全反映了所有可用信息（11 枚硬币中有 10 枚）。任何人都不能通过决定公开哪一个信息来改善他们的处境。但是仍然有信息没有反映在价格中，市场尚未达到内在价值效率。

但是，有效市场并不在最低公共信息层次 PIL_1 上，而在一个公共信息相当高水平 PIL_5 上。在 PIL_1 的情况下，有些不太知情的交易者会做出几乎没有包含任何信息的决定。在估算 V 值时，他们依据真实的内在价值，做出大量独立且彼此分散的投资错误。随着公共信息层次增加，投资者获得的信息层次越高，错误决策变得相关联，他们就越倾向于与其他使用 PIL 的投资者犯同样的错误。结果是，不仅他们的预期回报率会下降，错误定价的可能性也会变大。

当然，与个人投资者的情况一样，无法确定在真实市场中，目前的信息披露标准是否达到低于或高于 PIL_5 的水平。但是，与以前的推断一样，几乎可以肯定的是，事实是低于 PIL_5 的水平。

6.2 风险感知的网络效应

本节将分别讨论影响网络规模和网络复杂性的两个变量：决策延迟和时间簇来研究网络效应。这些变量是由信息获取和时间选择共同决定的，作为下一步探讨关于信息不对称对投资者风险感知影响的仿真实验的理论模型基础。

6.2.1 风险感知中信息聚集和滞后

区别于已有的研究（Zhang，1997；Aghamolla，2016），为了说明信息不对称性如何导致投资者风险感知的偏差，本节对计时博弈中迟疑现象进行了讨论，确定信息是如何在两个以上投资者的模型结构中随时间演变的。首先，将计时博弈均衡重新定义为一个随机过程系统；其次，考虑信息的到达或缺乏如何影响随后的信息传播；最后，讨论如何将这些过程映射到对公共信息带来的风险感知准确率的影响中。将信息到达的动态过程通过三个随机过程共同刻画。

（1）可观察到的行动数量 k_t。

（2）累积的公共风险感知准确率（Π_t）。

（3）捷径类型 π_t^c（即在时间点 t 保持风险感知准确率最高的类型）。

通过评估投资者在每个时刻采取行动的可能性来量化信息到达率。在个人层面上，假设单个投资者 i 在时间区间 [t，t + dt] 内发生行为的概率为：

$$\lambda_t^i dt = \frac{f(\pi_t^c) d\pi_t^c}{F(\pi_t^c)} = \frac{1}{n - k_t - 1} \cdot \frac{r}{\Gamma(\pi_t^c, \Pi_t)} dt \qquad (6-1)$$

其中，λ_t^i 表示 t 时间点上投资者 i 获得信息的速度。其条件是 t 时间公开可获得的信息。式（6-2）由式（6-1）得到：

$$- d\pi_t^c = \frac{r}{(n - k_t - 1) h(\pi_t^c) \Gamma(\pi_t^c, \Pi_t)} \cdot dt \qquad (6-2)$$

在式（6-2）中，由于均衡等待时间是信息获得捷径的反函数，所以乘数 d_t 实际上是边际等待时间函数的反函数。

在总体水平上，市场中投资者在时间区间 [t，t + dt] 内采取行动的概率为：

$$\lambda_t^* dt = \sum_t \lambda_t^i = \frac{n - k_t}{n - k_t - 1} \cdot \frac{r}{\Gamma(\pi_t^c, \Pi_t)} \cdot dt \qquad (6-3)$$

这里的"总体"指所有剩余的投资者，计数为 $n - k_t$。

式（6-3）中 λ_t^* 代表了 t 时点上市场层面信息聚集的速度。事实上，在随机过程中，λ_t^* 与计算过程 k_t 的强度一致，指市场范围内的信息到达数量。因此，在生存分析中，该比率又称为赌概率。当 λ_t^* 代表市场层面的赌概率时，另一个过程 λ_t^i 代表个人投资者 i 的赌概率。需要注意的是，这里指时间上的赌概率，与风险感知准确度的赌概率 $h(\pi) = \frac{f(\pi)}{F(\pi)}$ 存在差异。为了避免混淆，将 λ_t^* 和 λ_t^i 称为强度，而不是风险感知准确率。在本章中，主要考虑

基于市场层面的 λ_t^* ，但这些讨论也适用于个人层面对应的 λ_t^i 。

6.2.2 投资者行为聚类

下面探讨一个与决策时间有关的比较静态学变量：时间簇。时间簇是指在短时间间隔内出现多个行动的模式，是一种常见的市场现象（Tse 和 Tuker，2010）。如前面所述，在本章中，出现行动的聚类通常是因为之前发布的信息大幅提高了公众风险感知的精准度而缩短了跟随者动作的时间。

为了区别于获得信息的聚类，将行为决策聚类的规模定义为在短期 [τ，τ+Δ] 内投资者行动的最大数量，其中，τ 为任意值，那么行为决策聚类更有可能在低风险感知时期出现。因为随着风险感知的增加，投资者变得更加谨慎，更倾向于拖延他们的行动。同样，随着获得信息成本的增加，投资者知情程度下降，聚类的可能性和规模也会降低。由于集群的大小与投资者数量成比例地增加，在大规模人群中容易形成一个大规模聚类。同时，跟随者可能通过缩短两行动之间的延迟时间而形成更大的聚集，从而造成更多投资行为。此外，"领头羊"由于增加了"羊群行为"的动机，推迟了他们的行动时间。

当 n 取较大值时，时间博弈中延迟行动的动机导致预期的平均时间更长，平均冒险度随着投资者人数的增加而下降。但是，风险感知的增加也会导致投资者在信息获取方面付出更大的努力，因此，投资者为获取更精确的信号而迅速采取行动。对于所有的投资者，信息不准确会导致在计时博弈中缺乏"羊群行为"的动机。当其他投资者也具有相同的信息层次时，C 取中值时"羊群行为"使投资者具有最强的收集信息并继续"羊群行为"的动机。信息到达的路径由最早的行动者决定。式（6-4）表示追随者对"领头羊"行动间隔时间的线性回归模型：

$$T_{action} = \alpha + \beta \times (T_{fa}) + \varepsilon \tag{6-4}$$

其中，T_{action}表示平均或最后行动的时间；T_{fa}表示第一个行动的时间；α 和 β 分别是估计系数；ε 是噪声项。在计算平均行动时间时，排除"领头羊"的行动时间，以消除其对平均水平的直接影响。

6.3　不同信息层次下的投资者风险感知

6.3.1　仿真市场实验的数据处理

（1）内在价值投资者的风险感知如表 6-1 所示。

表 6-1　　　　不同信息披露水平下内在价值投资者的风险感知

内在价值投资者	信息披露水平	1	2	3	4	5	6	7	8
无网络	计数	600	600	600	600	600	600	600	600
	均值	0.2406	0.2592	0.2656	0.2656	0.2412	0.2572	0.2608	0.2648
	方差	0.0410	0.0620	0.0491	0.0491	0.0421	0.0462	0.0460	0.0601
	最小值	0.0079	0.0131	0.0094	0.0094	0.0138	0.0154	0.0099	0.0084
	最大值	1.2837	1.5890	1.3317	1.3317	0.9990	1.3049	1.2501	1.1516
小世界	计数	600	600	600	600	600	600	600	600
	均值	0.2392	0.2538	0.2654	0.2645	0.2587	0.2647	0.2522	0.2618
	方差	0.0449	0.0599	0.0547	0.0453	0.0436	0.0543	0.0461	0.0617
	最小值	0.0107	0.0084	0.0078	0.0068	0.0102	0.0098	0.0075	0.0081
	最大值	1.1326	1.5834	1.3686	1.1057	1.0141	1.1983	1.2364	1.3307
无标度	计数	600	600	600	600	600	600	600	600
	均值	0.2383	0.2629	0.2752	0.2487	0.2477	0.2634	0.2587	0.2664
	方差	0.0443	0.0732	0.0568	0.0446	0.0385	0.0515	0.0503	0.0615
	最小值	0.0055	0.0029	0.0027	0.0009	0.0077	0.0032	0.0032	0.0006
	最大值	1.1117	1.7088	1.5140	1.2422	0.8793	1.1922	1.2455	1.2364

（2）理性投资者的风险感知如表6-2所示。

表6-2　　　　　不同信息披露水平下理性投资者的风险感知

理性投资者	信息披露水平	1	2	3	4	5	6	7	8
无网络	计数	600	600	600	600	600	600	600	600
	均值	0.2794	0.2743	0.2939	0.4065	0.4307	0.4203	0.4115	0.3983
	方差	0.0247	0.0219	0.0238	0.0335	0.0223	0.0402	0.0347	0.0325
	最小值	0.0804	0.0695	0.0806	0.1125	0.0922	0.0872	0.1505	0.1409
	最大值	1.7336	1.6828	1.6895	2.2373	0.8801	2.2377	2.2769	2.2422
小世界	计数	600	600	600	600	600	600	600	600
	均值	0.2763	0.2749	0.2806	0.2682	0.4307	0.2855	0.2878	0.2772
	方差	0.0300	0.0293	0.0304	0.0303	0.0223	0.0326	0.0285	0.0314
	最小值	0.0767	0.0631	0.0743	0.0783	0.0922	0.0526	0.0706	0.0726
	最大值	2.2320	2.2205	2.1992	2.2355	0.8801	2.2602	2.2174	2.2627
无标度	计数	600	600	600	600	600	600	600	600
	均值	0.1363	0.1222	0.1045	0.1122	0.4307	0.1178	0.1371	0.1119
	方差	0.0305	0.0276	0.0269	0.0275	0.0223	0.0288	0.0292	0.0266
	最小值	0.0088	0.0162	0.0135	0.0104	0.0922	0.0107	0.0105	0.0121
	最大值	2.2763	2.2318	2.2214	2.2562	0.8801	2.2388	2.2374	2.2001

（3）趋势策略投资者的风险感知如表6-3所示。

表6-3　　　　　不同信息披露水平下趋势投资者的风险感知

趋势投资者	信息披露水平	1	2	3	4	5	6	7	8
无网络	计数	600	600	600	600	600	600	600	600
	均值	0.0216	0.0239	0.0250	0.0250	0.0279	0.0255	0.0205	0.0198
	方差	0.0007	0.0010	0.0009	0.0009	0.0048	0.0009	0.0001	0.0001
	最小值	0.0007	0.0007	0.0007	0.0007	0.0007	0.0007	0.0007	0.0007
	最大值	0.3672	0.3744	0.3618	0.3618	0.9487	0.0007	0.0986	0.0945

续表

趋势投资者	信息披露水平	1	2	3	4	5	6	7	8
小世界	计数	600	600	600	600	600	600	600	600
	均值	0.0155	0.0174	0.0268	0.0268	0.0179	0.0160	0.0153	0.0147
	方差	0.0001	0.0005	0.0213	0.0213	0.0004	0.0001	0.0001	0.0001
	最小值	0.0007	0.0007	0.0007	0.0007	0.0007	0.0007	0.0007	0.0007
	最大值	0.0958	0.1928	2.0680	2.0680	0.1551	0.0007	0.0953	0.0961
无标度	计数	600	600	600	600	600	600	600	600
	均值	0.0069	0.0139	0.0071	0.0071	0.0231	0.0064	0.0062	0.0064
	方差	0.0001	0.0013	0.0001	0.0001	0.0052	0.0001	0.0001	0.0001
	最小值	0.0003	0.0003	0.0003	0.0003	0.0002	0.0004	0.0002	0.0002
	最大值	0.0971	0.2864	0.0952	0.0952	0.6304	0.0004	0.0953	0.0944

6.3.2　不同信息层次下的投资者风险感知的测量

6.3.2.1　内在价值投资者的风险感知

对内在价值投资者在 8 级信息层次中的风险感知做了模拟计算，如图 6 - 1 所示。取 600 期风险感知计算结果，并进行了 6 次多项式回归拟合处理。图中黑色、灰色和虚线的线分别表示无网络（p = 0）、小世界网络（p = 0.5）和无标度网络（p = 1）状态下的风险感知。模拟结果表明，在所有信息披露层次下，无网络状态、小世界网络和无标度网络下内在价值交易者的风险感知区别都不明显，这可能是因为投资者的投资决策依据与投资标的的内在价值的判断有关，与网络结构无关。

6.3.2.2　理性投资者的风险感知

对理性投资者在 1 ~ 8 级信息披露层次中的风险感知做了模拟计算，如图 6 - 2 所示。取 600 期风险感知计算结果，并采用 6 次多项式回归拟合处理。图中黑色、灰色和虚线的线分别表示无网络（p = 0）、小世界网络

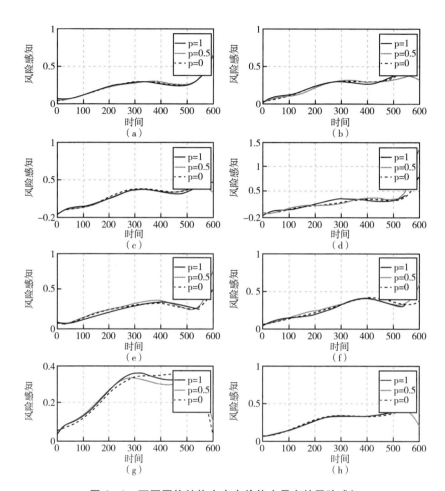

图6-1 不同网络结构中内在价值交易者的风险感知

注：图中从（a）~（h）分别为1~8级信息披露水平的网络市场。

（p=0.5）和无标度网络（p=1）状态下的风险感知。模拟结果表明，在所有信息披露层次中，无网络状态下的风险感知最低，小世界网络和无标度网络下理性投资者的风险感知比较高，在高信息披露层次中（4~8级），无标度网络下的风险感知比小世界网络下的风险感知更高。

6.3.2.3 趋势投资者的风险感知

对趋势投资者在8级信息层次中的风险感知做了模拟计算，如图6-3

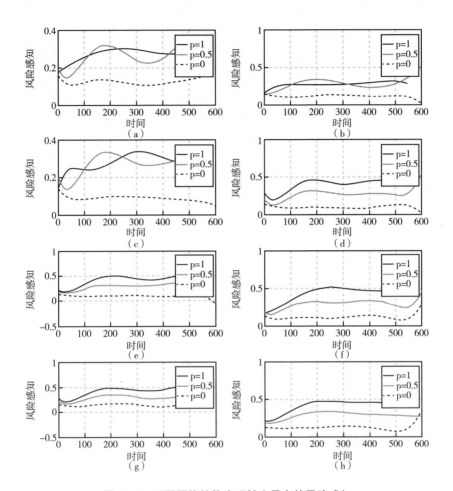

图 6 - 2　不同网络结构中理性交易者的风险感知

注：图中从（a）～（h）分别为 1～8 级信息披露水平的网络市场。

所示。取 600 期风险感知计算结果，并进行了 6 次多项式回归拟合处理。图中黑色、灰色和虚线的线分别表示无网络（p = 0）、小世界网络（p = 0.5）和无标度网络（p = 1）状态下的风险感知。模拟结果表明，在所有信息披露层次中，无网络状态下的风险感知最低，小世界网络和无标度网络下的趋势投资者风险感知比较高，在较低和较高的信息披露层次中（1 级和 6～8 级），无标度网络下的风险感知比小世界网络下的风险感知更高。

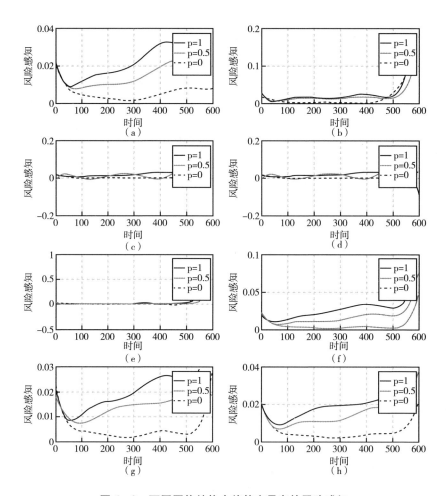

图 6 - 3   不同网络结构中趋势交易者的风险感知

注：图中从（a）~（h）分别为1~8级信息披露水平的网络市场。

6.3.3   不同信息层次下的投资者行为分析

由于金融市场中投资行为主体的认知偏差会相对减少，但不会消失，个人投资者因其风险感知的偏误导致投资决策出现偏差是证券市场上的常态，此时投资者是有限理性的。因此，受信息不完全对称和不对称的影响，面临较大不确定性的个人投资者因为缺乏信息搜寻和解读等能力，无法根据基本面信息做出投资决策，只能根据他们的行为做出主观分析，形成私人信念，导致信息的聚集和滞后，造成非理性的操纵。

从理论上说，具有高信息层次的投资者应该根据获得的信息实施套利交易，产生更高的市场回报。但是，信息不对称造成个体投资者在网络中获得的信息具有差异性，产生不同的风险感知和投资者行为。

当市场信息不对称性差异较小时，投资者能够从市场上获取的公共信息较多，而私有信息较少，不同信息层次间投资者的收益差异较小，风险感知不明显，内部信息作用明显弱化。

就内在价值交易者而言，内在价值是他们形成风险感知和投资决策的依据，由于内在价值是由公司市值、财务报表反映，信息在网络传播中受干扰较少，故而内在价值交易者的风险感知受网络影响最小。

就理性投机交易者而言，如果市场信息不对称性差异较大，理性投资者获得的公共信息与私人信息差异大，导致投资者修改信念和形成决策过程差异增大，故而社交网络对投资者的风险感知影响较大。

就趋势交易者而言，社交网络对这类投资者风险感知的影响是复杂的。当市场信息不对称性差异较小时，投资者能够从市场上获取的公共信息少，而投资者的私有信息较多，导致投资者的风险感知差异性较大；当市场信息不对称性差异较大时，投资者之间获得公共信息的差异大，投资者的风险感知明显，导致不同信息层次间投资者收益差距会越来越大，内部信息的价值凸显。

6.3.4　稳健性检验

已有文献研究表明，信息成本将影响信息披露层次和信息不对称。为了检验信息层次对风险感知影响模拟结果的稳健性，本章通过调节信息成本系数重新计算了投资者的风险感知，作为本章模拟实验的稳健性检验。

6.4　本章小结

信息层次主要指风险信息质量和披露水平，包括信息透明度、信息准确性和信息及时性等方面。针对金融市场中信息披露问题，本章首先讨论了公共信息带来的私人价值和社会价值。其次通过探讨网络中投资者如何获得信息，研究了投资者对风险感知的形成。再其次利用第5章构建的人工金融市场模拟不同社交网络环境以及不同信息层次披露模型，测量投资者风险感知。最后采用6次多项式回归的方法拟合仿真模拟实验数据，并进行了稳健性检验。

通过实验获得的研究发现有：（1）不同信息披露水平下投资者的风险感知会受到不同网络结构的影响。（2）网络中代表投资者的节点之间连接随机性越大，风险感知越强。这说明社交网络对投资者的风险感知有明显放大作用。（3）在同一社交网络下，三类投资策略的投资者的风险感知呈现不同特点，理性投资者风险感知受网络影响最大，趋势投资者的风险感知受网络影响居中，内在价值投资者受网络影响最小，并从现实的视角分析了结论背后的原因。

第 7 章

社交网络中不同网络规模下
考虑风险感知的投资者行为

　　金融市场中的金融传染是近年来研究者关注的问题。作为一种投资者的心理认知，风险感知不仅由投资者内生产生，也会随着社交网络传播，使一个投资者的风险感知受到决策时间、顺序的影响，同时影响其他投资者。本章研究同样是建立在第 5 章人工金融市场的基础上，通过数值模拟进一步讨论在有社交网络的情况下，投资者风险感知的传染机制。本章关注网络规模对社交网络中风险感知传染的影响，通过网络人数变化，观察金融市场中常见的"羊群行为"等投资者行为。与实验室金融市场实验研究相同，本章仍以三种投资策略作为投资者的分类，分别进行模拟计算，并进行稳健性检验。具体来说：第 1 节从信息成本和网络中获取信息的角度讨论风险感知传染的产生；第 2 节从选择性依赖和市场效率讨论网络效应下风险感知的"羊群效应"；第 3 节对不同网络规模中三种策略投资者的风险感知进行模拟计算，并拟合出曲线；第 4 节进行稳健性检验；第 5 节是本章小结。

7.1　风险感知传染的"羊群效应"

7.1.1　风险感知传染的选择性依赖

　　本节研究投资者相似行动的选择。由于投资者决策考虑之前行动的投资者（以下称为"领头羊"）的私人信息，他们的行动选择会类似于"领头羊"的行为。追随者期望"领头羊"采取更独立的行动，也对"领头羊"行为产生选择性的依赖，这种依赖性可以通过外生变量的变化进行观察。为了量化追随者在行动中模仿"领头羊"的程度，本章采用金融行为学中的羊群效应概念（Lakonishok et al.，1992）。它在实证研究中常用于测量投资追随效应（Cai et al.，2019）。"羊群效应"表明，投资者在独立确定交易方向时倾向于与"领头羊"采取同一方向交易。

羊群效应测量模型为：

$$HM = \left| \frac{\#pos}{n} - E\left(\frac{\#pos}{n}\right) \right| - AF_n \qquad (7-1)$$

其中，#pos 表示行动比无条件平均状态变量 v 更积极的投资者人数；变量 AF_n 为调整系数，等于#pos 服从二项式分布且零假设成立概率为 $E\left(\frac{\#pos}{n}\right) = 1/2$ 的绝对值部分的期望值。

如果考虑改变行动的时机，作为一个潜在的参数发生变化，会影响计时博弈和信息获取中的行为自由，通常会导致冲突的力量。例如，随着潜在的风险感知增加 $1/\pi_0$，信息变得更有价值。因为随着 $1/\pi_0$ 或 n 的增加，追随者对"领头羊"行为的依赖性增加。同时，羊群效应降低了信息获取的成本。随着信息成本 c 的增加，投资者参与活动获取的信息越来越少，观察其他投资者的行动变得不那么有用。因此，随着信息成本 c 的增加，"羊群行为"的结果差异变大。

有些研究考虑了投资者独立做决策的问题，如研究证券分析师盈利预测影响下投资者的"冒险"行为（Keskek et al.，2014；Lliev et al.，2018）。在这些研究的启发下，本书将"冒险"定义为与"领头羊"行动的偏离。随着行动时机的变化，冒险程度逐渐下降，因为这种"冒险"行为趋势随着风险感知准确率的提高或者获得信息的成本增加而减少。另外，风险感知增强导致行动更加冒险，这个结果与前期研究结果（Keskek et al.，2014）以及本书第 3 章、第 4 章的实验结果一致。这可以理解为市场上公开的信息量减少了，同时信息获取难度增加了，这两种情况都可能增加投资者的冒险行为。此外，信息获得成本的影响在"领头羊"和追随者之间具有差异性效应。随着获得信息成本的降低，"领头羊"往往更加冒险，而跟随者变得不那么冒险，因为在更精确信息的基础上，"领头羊"的行为更有效率，而追随者的效率降低。

7.1.2　社会福利与市场低效率

本小节从社会福利的角度来讨论风险感知的"羊群行为"带来的市场低效率。作为一个基准模型，假设市场管理者可以决定信息获取的效率和每个投资者的行动时间，其目标是使投资者的总盈余最大化。由于行动之间的延迟不利于社会总剩余，市场管理者在保持行动顺序的同时，设定行动时间，使行动之间不存在延迟。此时，市场管理者的问题为：

$$\max_{\pi(1,\cdots,n)} \left\{ u\left[\pi_0 + \pi^{(1)}\right] + ,\cdots, + u\left[\pi_0 + \pi^{(1)} + ,\cdots, + \pi^{(n)}\right] - C\left[\pi^{(1)}\right] - C\left[\pi^{(n)}\right] \right\}$$

$$(7-2)$$

其中，$\pi^{(n)}$ 是第 n 个投资者的风险感知准确率；C 为获得 π 精度下的信息成本。

市场管理者的最优报酬比均衡条件下的平均报酬高。市场管理者的平均报酬随 n 的增加而增加，而均衡报酬不变。

式（7-2）的解在所有 n≥2 的条件下产生的平均报酬高于均衡报酬。前者收益随 n 的增加而增加，而后者等于不依赖于 n 的个人最优报酬 $u(\pi_0 + \pi^*)C(\pi^*)$。

均衡报酬是常数，因为混合策略均衡必须将相同的报酬分配给均衡线上每个努力的投资者。混合策略分布包含个人最优收益 π^*，即均衡收益与相应收益 $u(\pi_0 + \pi^*)C(\pi^*)$ 挂钩。

为了找出市场管理者的解与均衡解之间的差异，并量化均衡中的剩余损失，先要研究在计时交易中的效率损失。如前所述，市场管理者的解决方案不涉及任何延误。在初步分析中发现，延迟普遍存在于均衡中。但是，市场管理者不需要改变投资者在计时交易中的行为顺序，因为均衡中投资者的行为顺序不会造成效率损失。为了了解这一点，假设其中一部分 π_1，…，π_n 是固定的，市场管理者决定投资者行动的顺序。那么，对于市场管理者而言，基于预测准确率降序排列的投资者投资行为是最优的，也是有效的。此行动顺序与时机博弈的均衡一致。

固定 π_1，…，$\pi_n \in [0, \infty)$，式（7-1）考虑 $\pi^{(1,\cdots,n)}$ 约束下的社会剩余最大化问题。将 π_1，…，π_n 重新排序，其唯一解是 $\pi^{(1)} \geqslant \cdots \geqslant \pi^{(n)}$。

首先，量化延迟导致的效率低下。比较在均衡和无迟疑设置下的预期收益，其中投资者无延迟行动，同时保持行动顺序。当 n 较大时，延迟使计时博弈的收益减少，并且效率损失随着 n 的增加而变得更加严重。这一结果反映了随着 n 的增加，延迟动机增强的特点。

其次，考虑信息获得过程中的效率损失。导致信息获取低效率的剩余损失是由市场管理者的报酬与无延迟情况下的报酬之差形成的。如果人数多，这种效率损失显著。

由于"羊群行为"的动机，均衡信息获得量可能小于市场管理者的信息获得最优量。考虑获得信息的均衡分布与市场管理者在不同 n 水平下最优解的样本分布不同，因为"羊群行为"的投资者往往获得比市场管理者最优值少很多的信息，市场管理者的一阶随机最优解影响混合策略的均衡分布。这说明由于"羊群行为"，投资者试图获得明显低于社会最优解的信息获取量，从而导致低效率。随着 n 的增加，可忽略的弱努力水平在均衡分布上的概率权重增强。但是，在市场管理者的最优解分布中，弱努力的投资者的比例逐渐消失。也就是说，与均衡分布不同，当 n 较大时，几乎所有的投资者都对市场管理者的最优值做出了显著的贡献。

再其次，讨论市场管理者的最优模式。市场管理者要求一小部分投资者做出大量努力，大于均衡的最大努力 π^*，此性质是由于最早行动的投资者发布的信息，为后来的投资者带来了公共利益。同时，如上所述，由于二次递增的成本，依赖所有投资者提供的信息，市场管理者设置所有投资者的努力水平高于均衡值。但是，市场管理者允许一些投资者最终跟随其他投资者，比其他投资者少付出努力。这是因为能够从所提供信息中受益的投资者从公共信息的贡献所获得的福利，随着收益减少而人数减少。

随着投资者数量的增加，市场管理者最优和均衡中所需的平均和总风险感知准确率增加。而随着 n 的增加，平均风险感知准确率在均衡中显著降低。当 n 趋于无穷大时，平均风险感知准确率效用趋于零。而市场管理者要求的平均努力始终高于均衡的平均努力。这种变化在总风险感知准确率（$\Pi_n = \pi_0 + \pi^{(1)} + \cdots + \pi^{(n)}$）更明显。

在市场管理者最优中，增加 n 使总风险感知准确率平稳提高了。这些观察结果表明，投资者数量增多提高了"羊群行为"的动机，也加剧了相对市场管理者最优解的信息供应不足。虽然前面的分析侧重于信息获取成本的影响，但没有考虑投资者如何顺利地与其他投资者和外部观察者（如金融市场参与者）共享他们所需的信息。现在投资于市场接收时间信息的速度，以及聚合速度随投资者数量的变化。

最后，考虑在绝对时间 t，不同 n 值下的公共风险感知准确率的平均量 $E[\Pi t]$，其中，Πt 表示市场中 t 时点上投资者风险感知的集合。即使信息总供给随 n 的增加而递增，但是递增速度与 n 的增速不成正比。而且，相对较大的 n（=50，100，150）的信息速度与最早阶段的模式非常相似，其一阶统计分布是收敛的。但是，信息量以及公众风险感知的精确度，并不是随着 n 的增加而单调地提高。在早期，n 的增加导致公共风险感知准确率降低。n 的增加降低了信息到达的速率，从而减慢了早期的信息聚合。这种逆转之所以发生，是因为人群数量的增加阻碍了投资者获取信息和提前行动，而这两者都是降低早期公共风险感知准确度的因素。

7.2   风险感知传染的动因

7.2.1   网络中的信息获取

本节通过考虑投资者花费成本为 $C(\pi) = c\pi^2/2$ 获取风险感知准确率 π

的信号，内化风险感知准确率水平分布，以及最大风险感知准确率$\overline{\pi}$。每一个投资者 i 同时在时间 0 处判定投资者的信息风险感知准确率是否 $\pi_i \geq 0$，然后再判定投资者的投资行为时间。每个投资者都会私下观察其他投资者的判断精确程度以及外部环境状况的信号。交易的其余部分按第 5 章的描述进行。

在这个信息获取阶段继续关注投资者的对称平衡，及其行为内生的一个 i. i. d. 分布。在计时博弈中，信息获取对投资者有两个相关的效应：一方面，投资者可以通过选择更精确的信号而不依赖其他投资者的信息，然后采取更符合真实状态的操作；另一方面，更高的风险感知准确率有效地限制了"羊群行为"的机会，因为风险感知准确率更精确的投资者可以更快地采取行动。因此，每个投资者需要决定是积极收集信息并独立行动，还是通过观察同伴的行为来节省获取信息的成本和被动收集信息。事实上，投资者混合使用这两种不同的方式，努力使其达到平衡，其目的是达到风险感知准确率的均衡分布。

可以确定混合策略分布中的最大风险感知准确率 $\overline{\pi}$，$\overline{\pi}$ 必须与给出的个体最优风险感知准确率相同，即：

$$\pi^* = \mathrm{argmax}_{\pi \geq 0} \left[u(\pi_0 + \pi) - C(\pi) \right] \qquad (7-3)$$

定义为 n = 1 时的最佳风险感知准确率选择直观地表明，在这种最大风险感知准确率 $\overline{\pi}$ 类型的情况下，投资者不会在计时交易中通过观察同伴的行为来节省获取信息的成本和被动收集信息。因此，在不观察其他测试信息的情况下，寻找最大风险感知准确率 $\overline{\pi}$ 的问题与计算最佳风险感知准确率的问题是一致的。

由于考虑了混合策略，可以通过一定的无差异条件来刻画均衡策略。如式（7-3）所示，采用混合策略分布包含一个内生的常数 π^*，作为可能的最大值。因此，在均衡状态上选择的任意 π_i，其收益固定在 $u(\pi_0 + \pi_i) + C(\pi_i)$ 上，即为选择 π^* 的收益：

$$V_0(\pi) - C(\pi) = u(\pi_0 + \pi^*) + C(\pi^*) \qquad (7-4)$$

式（7-4）保持均衡分布。$V_0(\pi)$ 是在计时博弈中当风险感知精确率为 π 的均衡收益，由多人博弈式（5-15）定义。

以上证明了在有 n 个投资者的一般情况下，存在一个唯一的混合分布。尽管区分无差异条件是一种标准方法，但在这里，V_0 的一阶导数很难将分布参数与期望值的计算分开表达。因此，利用二阶无差异条件 $V_0''(\pi) = c$ 推导出一个均衡条件。

根据前面的分析，在 k 个历史观测值之后构造 V_k 的价值函数。这个递推公式从终端条件 $\partial^2 V_{n-1}/\partial \pi^2 = u^{11}(\pi + \Pi_{n-1})$ 计算每个 k 的 $\partial^2 V_k/\partial \pi^2$，得到 V_0 的二阶导数：

$$V_0''(\pi) = -\sum_{k=0}^{n-1} N_k^n(\pi) F_1(\pi) + \sum_{k=0}^{n-2} D_k^n(\pi) f_1(\pi) \qquad (7-5)$$

式（7-5）是具有参数 N_k^n 和 D_k^n 的函数。对于一阶统计量 $\pi^{(1)}$，$F_1(\pi) = [F(\pi)]^{n-1}$ 和 $f_1(\pi)$ 分别表示其分布函数和密度函数。函数 N_k^n 表示无"羊群行为"的收益 $u(\Pi_k + \pi)$ 的二阶导数，而 D_k^n 表示"羊群行为"效应的二阶导数。重新构造二阶无差别条件 $V_0''(\pi) = c$，得到以下平衡条件：

$$h_1 \pi = \frac{\dfrac{c}{F_1(\pi; h_1)} + \sum\limits_{k=0}^{n-1} N_k^n(\pi; h_1)}{\sum\limits_{k=0}^{n-2} D_k^n(\pi; h_1)} \qquad (7-6)$$

其中，$h_1(\pi) = f_1(\pi)/F_1(\pi)$ 是 $\pi^{(1)}$ 的赌概率，表示捕捉"羊群行为"的瞬时机会。均衡条件式（7-6）要求赌概率 $h_1(\pi)$ 或提供给后续投资者的"羊群行为"机会，用 N_k^n 和 D_k^n 量化信息获取和"羊群行为"之间的平衡。式（7-6）的经济学解释是，获得信息的可能性必须与信息获取的成本和收益平衡，这样投资者对均衡分布下所有选择的风险感知准确率 π 都不关心。

下面进一步说明均衡条件式（7-6）背后的经济动力。在均衡状态下，收益将在无差异条件下保持不变。但是，当不能达到平衡条件式（7-6）时，收益曲线向上或向下摆动。例如，当概率权重在更高风险感知准确率水平上太高时（如投资者信息太多），随着"羊群行为"机会的过度提供，投资者会降低获取信息的努力，收益会出现严格凸型，不能达到平衡。相反，当投资者将更多的权重放在较低的风险感知准确率值上时，收益减少并变为严格凹形。在均衡状态下，需要适当地控制供给，使收益保持在平坦的无差异线上。

在实际交易中，从初始点 π^* 到 π 的较低值，逐渐地确定赌概率 $h_1(\pi)$ 的均衡值。信息获取博弈中存在一个唯一对称的混合策略均衡。混合策略均衡具有求解均衡条件的连续密度函数。密度函数的支持度为 $[\underline{\pi}, \pi^*]$，其中一些 $\underline{\pi} > 0$。

用 $F^n(\pi)$ 表示 n 个投资者的均衡混合策略分布，这个分布有一个最大值 π^*，在达到 $\pi = 0$ 之前概率平稳地降到 0。此外，密度函数支持度最小值 $\underline{\pi}$ 与小 n（$\leqslant 5$）的 $\pi = 0$ 时明显不同，但是最小值 $\underline{\pi}$ 几乎与大 n（$\geqslant 20$）的 $\pi = 0$ 相同。此外，该分布将大量的权重放在可忽略的小风险感知准确率水平上（n = 20 时约为 20%，n ≥ 50 时超过 50%）。这些观测结果与后面的描述一致，随着 n 的增加，分布概率最终缩小到零。

事实上，投资者人数 n 增加会增加"羊群行为"的可能性，如果均衡努力的极限不是零，那么投资者从其他渠道获得的信息很少。累积的公共决策无限大，状态变量 v 的值完全为公众所知。因此，投资者没有理由在个人层面上付出努力，而均衡努力水平必定缩小到零。但是，如果没有人获得信息，就不是一种均衡。如果所有的投资者在均衡中选择 $\pi = 0$，那么总有一个投资者将通过选择单个最优 $\pi = \pi^*$，然后立即退出而产生有利的偏差。为了维持均衡，至少有一小部分投资者必须收集信息并向占绝大多数的"羊群行为"者提供信息。结果，投资者期望一阶统计量 $\pi^{(1)}$ 为正。一阶统计量 $F_1^n(\pi)$ 的分布在定理中是收敛的。当然，投资者不仅希望一个人能产生"羊群行为"，还希望几个投资者能产生"羊群行为"。k 阶统计量的（条件）分布 $F_1^n(\pi) = F_1^n(\pi)\dfrac{n-k}{n-1}$ 收敛到与 $F_1^n(\pi)$ 相同的极限。换句话说，前几阶统计量的分布都是渐近一致的。

这一观察结果阐明了随着投资者数量的增加，"羊群行为"问题是如何加剧的。由于付出正努力并采取行动的投资者人数渐近服从泊松分布。具体地说，当 n 是有限时，风险感知准确率水平大于 π 的投资者的数量降低了成功率为 $p_n = 1 - F^n(\pi) = 1 - [F_1^n(\pi)]^{1/(n-1)}$ 的二项分布。随着 n 的增加，二项分布收敛到泊松分布，强度为 $\lambda_{prec} = \lim_{n \to \infty} np_n = \log\{1/F_1^\infty(\pi)\}$。这类投资者的期望数量也是有限常数 $\lambda_{prec} = \log\{1/F_1^\infty(\pi)\}$。值得注意的是，泊松分布（即小数定律）在模型中作为均衡的极限中出现，在这个模型中，在无限大的人群中，只有少数的投资者会对公共信息作出贡献。最终，虽然最低风险感知准确率降到零，但最大风险感知准确率是保持在极限内的。这意味着即使当投资者数无限大时，投资者也可以选择单个最优 π^*。

以下总结上述结果。

设 $k \in \{1, 2 \cdots\}$ 并且 $\pi \in (0, \pi^*)$。

（1）k 阶统计量 $\pi^{(k)}$ 的条件分布 F_k^n 收敛到 F_1^∞。

（2）考虑在 n 个投资者博弈中风险感知准确率大于 π 的投资者数的分布。该分布收敛于强度为 $\lambda_{prec} = \log\{1/F_1^\infty(\pi)\}$ 的泊松分布。

（3）当 n 趋于无穷大时，F^n 的最小值降为 0，最大值为单个最优 π^*。

上述结果不仅意味着极端的"羊群行为"，而且在信息提供者之间（即具有积极努力的投资者）也会产生异质性。这种双重异质性是投资行为和信息收集时间的内源性结果。这些异质性的结果与现存的文献形成对比，后者在平衡方面取得了很大程度上的同质努力。

7.2.2　信息成本与精确性的权衡

信息的精确性是投资者做出正确行动决策的基础，但是由于市场中获取信息是有成本的，投资者必须在信息成本和信息精确性之间做出权衡。当获取信息成本较高时，投资者会选择降低获得信息的精确性以节省成本；反之，为了提高信息的精确性，就必须增加获得信息的成本。下面引入一个市场管理者，探讨市场中信息成本与精确性的权衡，从市场效率的角度解释在动态社交网络中风险感知的羊群效应的动因。

第 6 章中提到，随着投资者数量的增加，平均风险感知精度减少。这是因为随着 n 增加，"羊群行为"的动机增强。投资者如果收集信息较少，同样会降低价格效率。如果 n 个投资者的总风险感知准确率以及平均风险感知准确率与市场管理者的最优选择大相径庭，说明人数多加剧了效率的下降。本节讨论市场管理者效率最优的相关问题，研究投资者获得信息质量的变化。

下面通过信息精确性和信息成本两个外生变量讨论静态学比较。市场均衡中获取信息的平均努力随基本状态变量的无条件方差 $1/\pi_0 = \mathrm{Var}(v)$ 而增长。即当利息信息高度不确定时，投资者会独立收集信息。当市场管理者的最优水平和均衡水平都在 $1/\pi_0$ 内增加时，均衡的平均风险感知准确率以更快的速度增加。这说明，风险感知准确率鼓励投资者在信息获取中付出努力，均衡状态给市场管理者带来更好的信息提供率。

当市场管理者达到均衡和最佳状态时，成本参数 c 的增加会降低信息获取的工作量。随着信息获取成本的增加，"羊群行为"的动机加强，全面信息获取的动机下降。与之前的情况类似，均衡的风险感知准确率从市场管理者的最优值不断地减少，导致成本 c 增加而效率明显降低。

在上面的讨论中，"努力"是指"提高信息精确性"。作为另一种衡量努力的方法，可采用信息获取成本 $C(\pi_i) = c\pi_i^2/2$ 而不是 π_i。如果讨论信息获取的平均成本而不是获取精度，结果与以上结论基本一致。外生的成本参数 c 增加，内生的均衡成本 $c\pi_i^2/2$ 就降低。

7.3　不同网络规模下的投资人风险感知与投资者行为

7.3.1　仿真市场实验的数据处理

基于以上分析发现，市场人数对于投资者对信息的依赖和判断有重要的影响，下面计算三种投资策略的投资者在不同社交网络结构和网络人数下的风险感知。

（1）内在价值投资者的风险感知，如表 7 - 1 所示。

表 7 – 1　　　　　不同网络规模下内在价值投资者的风险感知

内在价值交易者	人数	5	10	50	100	150
无网络	计数	1200	1200	1200	1200	1200
	均值	0.4813	0.4526	0.3043	0.2432	0.2535
	方差	0.1686	0.0005	0.0648	0.1044	0.7259
	最小值	0.0062	0.0080	0.0017	0.0028	0.0042
	最大值	2.1996	2.1427	1.2619	5.1943	16.8016
小世界	计数	1200	1200	1200	1200	1200
	均值	0.4834	0.4621	0.3080	0.2447	0.2520
	方差	0.1672	0.0054	0.0676	0.1038	0.7229
	最小值	0.0093	0.0166	0.0094	0.0033	0.0047
	最大值	2.1962	2.1108	1.4182	5.1943	16.8016
无标度	计数	1200	1200	1200	1200	1200
	均值	0.4827	0.2477	0.2975	0.2351	0.2479
	方差	0.1667	12.9121	0.0666	0.1005	0.7238
	最小值	0.0090	0.0012	0.0153	0.0030	0.0040
	最大值	2.1957	5.1943	1.4807	5.1943	16.8016

（2）理性投资者的风险感知，如表 7 – 2 所示。

表 7 – 2　　　　　不同网络规模下理性投资者的风险感知

理性投资者	人数	5	10	50	100	150
无网络	计数	1200	1200	1200	1200	1200
	均值	0.1031	0.3427	0.3326	0.3326	0.2039
	方差	0.0230	0.0244	0.0190	0.0190	0.0098
	最小值	0.0017	0.0697	0.0945	0.0945	0.0635
	最大值	1.8856	1.1482	1.7145	1.7145	1.4358
小世界	计数	1200	1200	1200	1200	1200
	均值	0.1195	0.3714	0.2831	0.2112	0.1840
	方差	0.0231	0.0327	0.0195	0.0130	0.0054
	最小值	0.0038	0.0663	0.0641	0.0793	0.0573
	最大值	1.5922	1.8727	2.1884	1.7310	0.5335

理性投资者	人数	5	10	50	100	150
	计数	1200	1200	1200	1200	1200
无标度	均值	0.1202	0.1165	0.1128	0.1173	0.1069
	方差	0.0260	0.0190	0.0180	0.0111	0.0047
	最小值	0.0035	0.0049	0.0047	0.0110	0.0110
	最大值	1.6043	1.9072	2.2486	1.7358	0.5162

（3）趋势投资者的风险感知，如表7-3所示。

表7-3 不同网络规模下趋势投资者的风险感知

趋势投资者	人数	5	10	50	100	150
	计数	1200	1200	1200	1200	1200
	均值	0.0109	0.0313	0.0465	0.1304	0.1298
无网络	方差	0.0001	0.0002	0.0089	0.0578	0.0391
	最小值	0.0008	0.0053	0.0036	0.0017	0.0014
	最大值	0.0643	0.1353	1.3148	1.9040	1.2239
	计数	1200	1200	1200	1200	1200
	均值	0.0109	0.0312	0.0443	0.1307	0.1004
小世界	方差	0.0001	0.0030	0.0124	0.0618	0.0370
	最小值	0.0008	0.0038	0.0025	0.0022	0.0013
	最大值	0.0642	1.0713	1.3368	2.6174	1.9765
	计数	1200	1200	1200	1200	1200
	均值	0.0115	0.0083	0.0495	0.1125	0.1189
无标度	方差	0.0001	0.0002	0.0857	0.0578	0.0321
	最小值	0.0008	0.0004	0.0002	0.0002	0.0002
	最大值	0.0643	0.1391	5.4175	3.0090	1.0239

7.3.2　不同网络规模下的投资人风险感知的测量

7.3.2.1　内在价值投资者的风险感知

图7-1表示市场中投资者全部为内在价值投资者，当参与人数分别

为5人、10人、50人、100人、150人时测量的风险感知。通过采用6次多项式回归的方法拟合回归，从图中可以看到，市场规模越大的市场中投资者的风险感知更一致，拟合度更好。

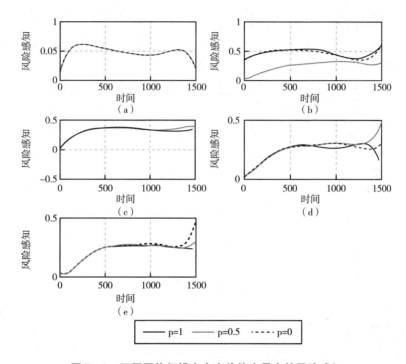

图7-1　不同网络规模中内在价值交易者的风险感知

注：图中从（a）~（e）分别为5人、10人、50人、100人、150人参与的网络。

从图中可以看到，对于内在价值交易者，不同的网络结构下投资者的风险感知没有明显不同。在不同网络规模中，无社交网络（p=0）、小世界网络（p=0.5）和无标度网络（p=1）环境下的投资者风险感知重合程度高。这一结果表明，对于以内在价值作为交易决策依据的内在价值交易者，网络的社交和交互影响对风险感知的作用不明显，以内在价值作为判断依据能让投资者获得较一致的判断，对风险的感知也较稳定。

7.3.2.2　理性投资者的风险感知

图7-2表示市场中投资者全部为理性投资者，当参与人数分别为5人、

10 人、50 人、100 人、150 人时测量的风险感知。通过采用 6 次多项式回归拟合的方法，从图中可以看到，市场规模越大的市场中投资者的风险感知更一致，拟合度更好。

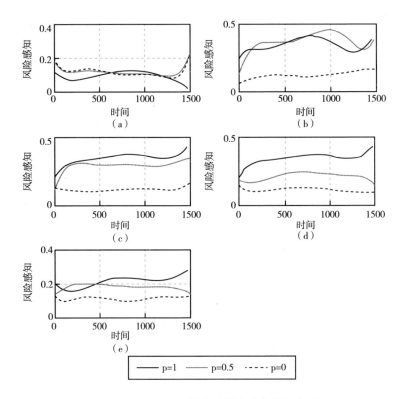

图 7 - 2　不同网络规模中理性交易者的风险感知

注：图中从（a）～（e）分别为 5 人、10 人、50 人、100 人、150 人参与的网络。

从图中可以看到，对于理性交易者，三种不同的网络结构下投资者的风险感知区别较明显。除了人数为 5 人的规模下不同网络对投资者的风险感知区别不明显，其余的网络规模中，无社交网络（p = 0）情况下的投资者风险感知最低，小世界网络（p = 0.5）情况下的投资者风险感知居中，而无标度网络（p = 1）情况下的投资者风险感知最高。这一结果表明，对于理性交易者，由于他们会根据上一期的预测和交易结果调整本期的自信程度和接受他人影响的程度，网络结构和社交规模交互影响对风险感知有放大和加剧的作用，身处互联网时代的理性投资者对于风险防范意识应增强。

7.3.2.3 趋势投资者的风险感知测量

图 7 - 3 表示市场中投资者的策略全部为趋势投资者，当参与人数分别为 5 人、10 人、50 人、100 人、150 人时测量的风险感知。通过采用 6 次多项式回归拟合的方法，从图中可以看到，市场规模越大的市场中投资者的风险感知更一致，拟合度更好。

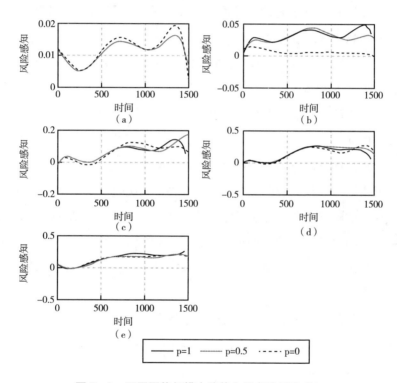

图 7 - 3　不同网络规模中趋势交易者的风险感知

注：图中从（a）～（e）分别为 5 人、10 人、50 人、100 人、150 人参与的网络。

从图中可以看到，对于趋势交易者，除了网络人数为 10 人的规模结构，其他不同的网络结构下投资者的风险感知区别不明显。从 5 种规模下不同网络对投资者的风险感知的影响来看，随着网络人数的增加，趋势交易者在无社交网络（p = 0）、小世界网络（p = 0.5）和无标度网络（p =

1）情况下的投资者风险感知越来越平缓，波动性降低。这一结果表明，对于趋势交易者，随着网络规模的增大，网络结构与社交规模交互影响对风险感知有降低其波动性的作用，身处互联网时代的投资者对于风险防范意识应增强。

7.3.3 不同网络规模下的投资人行为分析

由于投资者难以实施理性套利，有限套利是投资者投资决策的合理选择。具有信息优势的投资者会有利用信息获利的冲动。如果投资者利用其信息优势率先行动，会造成私有信息的泄露和传播，那么其基于信息行动而实现的信息价值下降。

从网络中信息传播的内在逻辑出发，无论是交易的公共信息还是投资者自己收集的私人信息，都会与某些已获得的信息相结合，知情投资者会利用其获得信息的优势地位刺激市场情绪、渲染投资者风险感知。

金融市场中存在的信息不对称无法消除，干扰投资者的认知，投资者难以形成稳定的收益预期，容易引发诱导性行为，例如，利用其他投资者的行为依赖产生的"羊群行为"。加重投资者对风险感知的偏误，形成有偏的市场信念和噪声交易行为，导致价格泡沫和市场价格频繁、大幅波动。这种现象在新兴市场尤为突出。

就内在价值交易者而言，其投资决策依据资产的内在价值决定，投资者关注的是资产的内在价值，内在价值依赖于企业的经营状况，是客观稳定的信息，因而这类投资行为受到"羊群行为"的影响最小。也就是说，社交网络对投资者风险感知产生的效果最小。

就理性投资者而言，交易以套利投资获得收益为目的，由于单纯使用买卖、对冲等交易行为的成本较高，且易于被察觉，为了避免政府或监察机构的察觉，投资者采用散布虚假信息和渲染感知风险等行为，与证券公司、上市公司合谋制造各种炒作信息、"领头羊"投资者利用信息优势、使其行为与更多信息相配合、提高对市场的操纵程度。从这一意义上说，理性投资者作为投机套利的主体，与其说是在操纵价格不如说是渲染感知风险。

就趋势投资者而言，其自信程度最低，个体主观判断在投资决策中占比较小。他们在市场中起到推波助澜的作用，通过信息不对称和信息高成本引起的"羊群行为"将市场反馈的效果扩大化。随着网络规模的扩大，网络结构对"羊群行为"的影响逐渐变小，风险感知的波动性也趋于平缓。

7.3.4　稳健性检验

在第 5 章的人工金融市场构建中，投资者将根据自己预测的准确度和收益与网络平均预测准确度和收益相对比，以此调整自信程度，根据自信程度调节私人信念在投资决策中所占的比重。因此，网络规模变化将影响投资者的自信程度。为了检验网络规模对风险感知影响模拟结果的稳健性，本章通过调节自信程度系数重新计算了投资者的风险感知，作为本章模拟实验的稳健性检验。

7.4　本章小结

本章从投资者的风险感知传染的视角入手，分析信息在网络中的聚类和传播动力学理论视角对网络规模的影响，包括信息动力学和静态比较，讨论了信息在不同网络结构中的社会福利和市场效率，探讨了不同市场规模下的羊群效应，并对羊群效应中模仿行为的时机选择以及采取"冒险"行动的动机做了进一步的讨论。在风险感知的模拟实验中，分别采用不同人数的网络，计算出不同网络规模下的投资者风险感知变化。

通过本章的模拟实验，获得的有意义的发现有：（1）网络规模对理性投资者的风险感知影响最明显，无网络状态下的理性投资者风险感知最小。（2）小世界网络和无标度网络中投资者的风险感知随着网络结构复杂化和节点连接的随机性增加而不断加大，对趋势投资者的风险感知影响居其次，对内在价值投资者的风险感知影响最小。（3）理性投资者的投资决策动机受自我对价格预期的判断，风险感知偏误理论在这种投资者的行为上反映最充分。趋势投资者的判断来源于对市场趋势的判断，因而如果市场趋势稳定，网络对于投资者风险感知的影响不大。内在价值投资者的决策来自对内在价值的判断，因而受到网络的影响最小。

第 8 章

研究结论与展望

8.1 本书的主要结论

聚焦于风险感知对投资者行为的影响这一主题，本书首先对投资者交易策略、风险感知、市场反馈、信息披露、投资者"羊群行为"以及动态网络等概念进行了阐述；并通过一个基于双向竞价机制的金融市场实验室实验，对无社交网络环境下投资者的风险感知对投资者行为的影响进行了分析；进一步通过对人工金融市场进行数据模拟，对比研究在动态网络环境下不同信息披露层次和不同网络规模中风险感知影响投资者行为的表现。通过实验室实证和仿真模拟实验，本书对投资者风险感知对其行为的影响进行了较深入的研究。

在金融市场中，投资者对风险的感知是一种心理认知，因而对于同一经济现象会因为个体的异质性特征产生不同的风险感知。本书的实验室实验和仿真模拟实验中都对投资者的投资策略进行了划分。并对三种投资者在市场中的表现做了进一步的研究。研究结果发现，三种投资者的行为在不同（有无）社交网络下有明显的不同。具体表现如下。

对于内在价值交易者，他们的投资决策以内在价值为主要参照点，如果将内在价值看作可获得的公共信息，例如公司财务年报、新闻报道等，投资人可以从市场中获得公共信息，受社交网络中其他人的影响较小，因而无论在哪种网络环境下，投资者的行为都高度一致。

对于理性交易者，他们的投资决策以主观判断的投资标的价格的预期和变化趋势为依据。但是投资者受到邻居的平均收益影响，随着投资经历的时间增长将不断调整自信程度，调整相信自己的判断还是跟随邻居行动的权重。他们的风险感知受到社交网络的影响，但是在不同社交网络结构下展现出不同特点。例如，在无标度网络（p = 1）下，投资者之间交流频繁，风险感知普遍偏高，曲线是开口向下的凸曲线；在小世界网络（p = 0.5）下，投资者的风险感知居中，是一条开口向下平缓的凸曲线；在规则网络（p = 0）下，由于投资者之间的交流几乎为 0，因而风险感知最低，且是一条开口向上的凹曲线。

对于趋势投资者而言，他们选择的策略是追随趋势，因而对趋势起到推波助澜的作用，可以看到，在不同社交网络下投资者受风险感知的影响不同，但风险感知曲线的变化趋势是一致的。即在无标度网络（p = 1）下，投资者的风险感知普遍偏低，曲线是开口向上的下凹曲线，在小世界网络（p = 0.5）下，投资者的风险感知居中，是一条向上突起的曲线，在规则网络（p = 0）下，投资者之间的交流几乎为 0，投资人风险感知最低。

具体来说，本书得到的主要结论如下。

通过金融市场实验室实验的结果发现，在高风险感知的市场中，资产的市场价格在达到并超过其基本面价值之后，没有逐步回归内在价值，而是持续保持一个较高的价格水平。在低风险感知的市场表现不同，资产的市场价格在达到并超过其基本面价值之后，随着内在价值下降而下降。这一实验结果表明，金融市场中当投资者风险感知高时有追逐风险的偏向，而风险感知低这种倾向不明显。

再对两种风险感知情况下投资者的策略进行分类，根据不同投资策略对投资者的市场交易行为做了泊松回归，分析结果表明，三类投资者的前一期对资产价格预测的准确程度与本期出售资产的行为都有显著的负相关关系。其中，理性投资者的决策行为中负相关关系最为明显。而三种类型的投资者中，上一期的价格与购买之间都是负相关，说明无论哪一类投资者其投资行为都会受到上一期价格的影响。其中，内在价值投资者的购买决策与上一期价格之间的负相关关系最大，也符合对这一类投资者以内在价值作为重要判断标准的划分。笔者检测了影响资产交易价格下降的因素。通过协方差系数可知，价格的下降变化与投资者上一期期末持有的资产数、现金额以及上一期出售的资产三个变量显著负相关，而与上一期的价格以及上一期投资者对价格的判断准确程度无关。

实验室实验中投资者是在一个无社交网络环境下进行交易，为了研究在互联网经济下投资者的风险感知的变化，对比实验室金融市场，本书又设计了一个人工金融市场，并通过小世界和无标度网络形式模拟社区的社交网络和互联网环境下的社交网络，可以看到，投资者在社交网络下的风险感知明显高于无网络交互环境下的风险感知。并且通过对比不同信息层次和不同网络规模下三种网络环境中投资者的风险感知，可以得出相似的结果。由此可以判断，互联网环境对投资者的风险感知有一定的催化作用，会放大投资者的风险感知，但在不同网络环境中的表现略有不同。

本书主要考察不同网络环境中，投资者在风险感知情境下的投资行为，通过实验室金融市场实验以及人工金融模拟仿真市场的实验，得出了投资者不同策略下的风险感知对投资者投资行为的影响规律。总结了不同网络环境下三种策略投资者的风险感知变化，并针对研究结果对金融市场的监管机构提出了针对稳定风险感知和消除风险感知偏误的政策建议。根据以上结论，本书提出以下政策建议。

（1）基于风险感知是一种认知偏差，反映投资者的过度自信等心理现象，从实验室金融市场实验结果可以清楚地看到，当市场中设置的分红分布方差大，即市场风险感知设置大时，即使投资者事先知道各种抽取分红的结果出现的概率相等，但由于他们对于高收益出现的概率明显高估，使交易价格在高于基本面价格后保持在高价格水平，价格不会随内在价值的降低而降低。而另一个市场分红方差分布小，集中于均值，因而投资者对各种分红出现的概率估计偏误小，市场价格在达到内在价值之后随内在价值的降低而降低。从这一结果对金融市场监管提出两点建议：一方面，除了根据我国的《公司法》《证券法》等法律文件规定的信息披露要求以外，在对投资理财产品的说明和介绍中不应将收益的上限等小概率结果作为产品收益宣传。因为投资者即使知道这些结果出现的概率很低也会对它出现的可能性估计过高。另一方面，发行机构应对理财产品收益的中间值做准确的预估，并向产品的购买者着重宣传和讲解。将产品的平均收益作为重点说明的内容，该做法能有效帮助投资者建立良好的投资预期，避免因为风险感知偏误而做出错误的投资决策，保护投资者的资金安全。

（2）鉴于风险感知是一种认知偏差，从实验室实验的研究结果中观察投资者在高风险感知下投机冲动增强，导致投机冲动下的非理性程度增加。为了研究社交网络对投资者风险感知的影响，参照实验室实验，设计了一个人工金融市场实验，通过计算仿真实验结果发现，在互联网金融冲击下，投资者的风险感知随投资者在网络中的社交程度的深化而增加。投资者由于通过社会学习，参照网络中其他投资者的收益水平更新自我策略等过程，风险感知程度会受到网络社会的影响，并随着这种社交程度的深入而不断深化。由此说明，投资者的风险感知随互联网和社区社交网络的参与而增大。这表明，社交网络环境下更应该注重风险感知的管理和防控，防微杜渐，具体应该注意以下三点：第一，注意对投资者的金融知识的普及和教育。在模拟中发现，内在价值交易者受网络社交影响的程度最小，这类投资者注重对股票和公司内在价值的研究，关注基本面的情况，这些信息给投资者带来最准确和可信的关于证券价值的引导。当然，对于大多数投资者来说，了解证券的内在价值需要相对专业的知识储备。因此，加强投资者的金融和财务知识，对于投资者理解资产的内在价值，做出理性判断是十分必要的。第二，建立以财务信息引导的证券内在价值风险数据库。针对个体投资者的金融和财务知识相对不足的现实，金融证券行业应该建立一个较简单易懂的金融风险信息数据库。以理财产品的主要发行机构商业银行为例，建立起商业银行的财务数据与相关风险的对应关系，并通过建模（如在险值 VAR 计算）得出商业银行的在险值，同时披露各个损益数据影响相应风险类型的信息，可以将财务报告信息与对风险的认识更直观地联系起来，帮助投资者全面直观地了解金融机构及其投资产品的风险。第三，建立多种金融机构间风险的对比机制，可以将同样的方法应用于证券、基金等行业，并进行横向对比，通过数据让投资者理解和对比不同金融机构和产品的风险。总之，消减投资者对风险认识的"黑箱"，做出更理性的预期和投资决策，是减少风险感知偏误的有效方法。

（3）本书从投资者风险感知在动态网络中的不同表现入手，对于网络中风险感知的产生和传染有了进一步的认识，并可以获得以下启示：第一，对于内在价值交易者，从实验的结果来看，他们最关注的是资产的内在价值，因而风险感知受到网络的影响最小。在网络环境下风险感知最稳定是这类投资者的特点。由于对资产内在价值的了解主要来自财务信息的披露，因此，可以认为，内在价值对稳定这类投资者的风险感知的作用十分强大。第二，对于理性投资者，由于他们的投资决策来自投资者自己对股票价格的预期判断，投资者会根据前一期的交易和收益结果调整自己的自信程度，过度自信对其风险感知的影响十分明显。这一类型的投资者受网络影响的程度最大且出现风险感知偏误的可能性较大。鉴于此，建议加大对这类投资者的风险意识和金融知识的宣传教育，引导他们更多地关注资产的基本内在价值，减少判断中的主观因素，使预测和投资决策更理性。第三，对于趋势投资者，由于其决策的理性主观程度最低，而跟风趋同的特征明显，是形成羊群效应的主要参与者，对于风险感知有同向的放大作用。因此，为了稳定这一部分投资者的风险感知，不让"领头羊"的风险感知通过羊群行为随网络的扩大而放大。应该关注这类人群中"领头羊"的影响，同时加强对这些投资者的金融知识和风险意识的教育，帮助他们树立自己的独立判断意识，维护金融市场稳定。总之，加强监督管理投资理财市场的广告和宣传，重视互联网环境下的风险感知变化和防控，加强对基本面信息的披露和投资者金融财务知识的普及和教育是提高投资者风险防范意识、合理引导风险感知对投资者行为影响的重要途径。

8.2　研究展望

本书的研究取得了一些创新性成果，但是仍有一些需要改进的地方，且还有一些工作需要进一步扩展研究，具体有以下三个方面。

（1）本书的金融市场实验中风险感知情境主要是以抽取分红的概率分布设置的，是否可以采用其他的方式来强化风险感知的高低是下一步研究可以考虑的实验方向。此外，可以加强对投资者策略的细分，例如交易者非理性和噪声行为的研究，拓展完善本书目前的研究。

（2）本书研究了风险感知对投资者行为的影响，但是没有对风险感知进行细分，在下一步的研究中，可以考虑如何将风险感知的种类进行细分，例如对系统性风险的感知和非系统性风险的感知，这样有助于深入理解风险感知对投资者行为以及市场价格稳定性的影响。这些都是非常有意义的研究，值得进一步讨论。

（3）本书在计算仿真模拟实验中没有考虑投资者获得信息的方式，在进一步的研究中，可以具体考虑投资者获取公共信息和私人信息的情形下投资者的风险感知对行为的影响。另外，对于小世界网络和无标度网络的研究，特别是这些复杂网络结构在金融领域的应用还可以进一步深化。

参考文献

［1］鲍勤，孙艳霞．网络视角下的金融结构与金融风险传染［J］．系统工程理论与实践，2014（9）：2202－2211．

［2］蔡文鑫，王一鸣．奈特不确定性与市场信息反应的非对称性［J］．投资研究，2019，38（6）：141－156．

［3］蔡文鑫，王一鸣．投资者情绪与宏观信息反应偏差［J］．投资研究，2018，37（10）：134－143．

［4］黄玮强，庄新田，姚爽．基于信息溢出网络的金融机构风险传染研究［J］．系统管理学报，2018（2）：236－243．

［5］李锋，魏莹．小世界网络下病毒式信息传播的仿真分析［J］．系统仿真学报，2019，31（9）：1790－1801．

［6］李政，梁琪，涂晓枫．我国上市金融机构关联性研究——基于网络分法［J］．金融研究，2016（8）：95－110．

［7］刘海飞，柏巍，李冬昕，许金涛．沪港通交易制度能提升中国股票市场稳定性吗？——基于复杂网络的视角［J］．管理科学学报，2018，21（1）：97－110．

［8］刘小涛，刘海龙．CEV模型下基于双曲绝对风险厌恶效用的最优投资策略［J］．系统工程理论与实践，2020（1）：1－12．

［9］倪骁然．卖空压力、风险防范与产品市场表现：企业利益相关者的

视角［J］. 经济研究, 2020（5）：183 – 198.

　　［10］欧阳红兵, 刘晓东. 中国金融机构的系统重要性及系统性风险传染机制分析——基于复杂网络的视角［J］. 中国管理科学, 2015（10）：30 – 37.

　　［11］欧阳资生, 杨希特, 黄颖. 嵌入网络舆情指数的中国金融机构系统性风险传染效应研究［J/OL］. 中国管理科学：［2021 – 06 – 07］. https：//doi. org/10. 16381/j. cnki. issn1003 – 207x. 2020. 0044.

　　［12］庞隽, 尚子琦, 刘晓梅. 末端时间标志对消费者风险决策的影响［J/OL］. 南开管理评论： ［2021 – 06 – 07］. http：//kns. cnki. net/kcms/detail/12. 1288. F. 20210416. 1328. 008. html.

　　［13］王霞, 付中昊, 洪永淼, 张冬悦. 基于非参数回归的金融传染检验［J］. 系统工程理论与实践, 2020（6）：1398 – 1418.

　　［14］吴鑫育, 赵凯, 李心丹, 马超群. 时变风险厌恶下的期权定价——基于上证50ETF期权的实证研究［J］. 中国管理科学, 2019（11）：11 – 22.

　　［15］肖欣荣、刘健、赵海健, 机构投资者行为的传染——基于投资者网络视角［J］, 管理世界, 2012（12）：35 – 45.

　　［16］张成思, 郑宁 中国实体企业金融化：货币扩张、资本逐利还是风险规避？［J］. 金融研究, 2020（9）：1 – 19.

　　［17］张古鹏. 小世界创新网络动态演化及其效应研究［J］. 管理科学学报, 2015（6）：15 – 29.

　　［18］朱菲菲, 唐涯, 徐建国, 李宏泰. 基于高频交易数据的"羊群行为"测度模型［J］. 数量经济技术经济研究, 2019（8）：129 – 146.

　　［19］Aghamolla, C, Guttman, I. Strategic timing of IPOs and disclosure：A dynamic model of multiple firms［R］. Unpublished Working Paper, 2018.

　　［20］Aghamolla, C. Observational learning, endogenous timing, and information acquisition［R］. Unpublished Working Paper, 2016.

　　［21］Akiyama, E, Hanaki, N, Ishikawa, R. How do experienced traders respond to inflows of inexperienced traders？An experimental analysis［J］. Journal of Economy Dynamic Control, 2014 (45): 1 - 18.

[22] Alalwan, A A, Dwivedi, Y K, Rana, N P. Consumer adoption of mobile banking in Judan: Examining the role of usefulness, ease of use, perceived risk and self-efficacy [J]. Journal of Enterprise Information Management, 2016, 29 (1): 118 - 139.

[23] Alfarano, S, Camacho, E, Morone, A. Do investors rely too much on public information to be justified by its accuracy? An experimental study [R]. FinMaP Working Papers, 2015.

[24] Ali, S N. Herding with costly information [J]. Journal of Economic Theory, 2018 (175): 713 - 729.

[25] Andrade, E B, Odean, T, Lin, S. Bubbling with excitement: An experiment [J]. Review of Finance, 2016, 20 (2): 447 - 466.

[26] Andraszewicz, S, Wu, K. Didier Sornette. Behavioral Effects and Market Dynamics in Field and Laboratory Experimental Asset Markets [J] Entropy, 2020, 22 (10): 1165 - 1183.

[27] Andreassen, P, Kraus, S. Judgmental extrapolation and the salience of change [J]. Journal of Forecasting, 1990 (9): 347 - 372.

[28] Arthur, W B, Holland, J, LeBaron, B, Palmer, R, Tayler, P. Asset pricing under endogenous expectations in an articial stock market. In: Arthur, W. B. , Durlauf, S. , Lane, D. (Eds.), The Economy as an Evolving Complex System II. Addison-Wesley, Reading, MA, 1997.

[29] Baghestanian S, Gortner P, Massenot B. Compensation schemes, liquidity provision, and asset prices: An experimental analysis [J]. Social Science Electronic Publishing, 2015, 20 (2): 1 - 25.

[30] Baghestanian, S, Lugovskyy, V, Puzzello, D. Traders' heterogeneity and bubble-crash patterns in experimental asset markets [J]. Journal of Behavior Organization, 2015 (117): 82 - 101.

[31] Baghestanian, S, Walker, T B. Anchoring in experimental asset mar-

kets [J]. Journal of Economic Behavior Organization, 2015 (116): 15 – 25.

[32] Barabasi, A L, Albert, R. Emergence of scaling in ramndom networks [J]. Newman M E J, Watts D J. Renormalization group analysis of the small-world network model [J]. Physics Letters A: Statistical Mechanics and its Applications, 1999 (263): 341 – 346.

[33] Barberis, N, Shleifer, A, Vishny, R. A model of investor sentiment [J]. Journal of Financial Economics, 1998 (49) : 307 – 343.

[34] Barreda-Tarrazona, I, Grimalda, G, Morone, A, Nuzzo, S, Teglio, A. Centralizing information improves market efficiency more than increasing information: Results from experimental asset markets [R]. Kiel Institute for the World Economy (IWE) Kiel Working Papers, 2017.

[35] Bathke, A W, Mason, T W. Investor overreaction to earnings surprises and post-earnings-announcement reversals [J]. SSRN Electronic Journal, 2016.

[36] Bayona, A, Peia, O. Financial Contagion and the Wealth Effect: An Experimental Study [R]. School of Economics, University College Dublin. Working Papers, 2020.

[37] Bebchuk, L A, Cohen, A, Spamann, H. The wages of failure: Executive compensation at Bear Stearns and Lehman 2000 – 2008 [J]. Yale Journal of Regulation, 2010, 27 (2): 257 – 282.

[38] Benveniste, L M, Ljungqvist, A, Wilhelm, W J, Yu, X. Evidence of information spillovers in the production of investment banking services [J]. The Journal of Finance, 2003, 58 (2): 577 – 608.

[39] Bhaumik, H, Santra, S B. Stochastic sandpile model on small-world networks: Scaling and crossover [J] Physica A: Statistical Mechanics and its Applications, 2018 (511): 358 – 370.

[40] Bonatti, A, Hörner, J. Collaborating [J]. The American Economic Review, 2011, 101 (2): 632 – 663.

［41］ Bosch Rosa, C, Meissner, T, Bosch i Domènech, A. Cognitive bubbles ［R］. Working Paper, 2015.

［42］ Breaban, A, Noussair, C N. Trader characteristics and fundamental value trajectories in an asset market experiment ［J］. Journal of Behavior Experiment Finance, 2015 (8): 1 – 17.

［43］ Butler J C, Dyer J S, Jia J. An empirical investigation of the asumptions of risk-value models ［J］. Journal of Risk and Uncertainty, 2005, 30 (2): 133 – 156.

［44］ Cai, F, Han, S, Li, D, Li, Y. Institutional herding and its price impact: Evidence from the corporate bond market ［J］. Journal of Financial Economics, 2019, 131 (1): 139 – 167.

［45］ Cason, T N, Samek, A. Learning through passive participation in asset market bubbles ［J］. Journal of Economic Science. Association, 2015, 1 (2): 170 – 181.

［46］ Chamley, C, Gale, D. Information revelation and strategic delay in a model of investment ［J］. Econometrica, 1994: 1065 – 1085.

［47］ Chen, H, De, P, Hu, Y J, Hwang, B H. Wisdom of crowds: The value of stock opinions transmitted through social media ［J］. The Review of Financial Studies, 2014, 27 (5): 1367 – 1403.

［48］ Chen, S H, Yeh, C H. Genetic Programming Learning and the Cobweb Model ［M］. Advances in Genetic Programming, MIT Press, Cambridge, MA, 1996.

［49］ Cheung, S L, Coleman, A. Relative performance incentives and price bubbles in experimental asset markets ［J］. South Economic Journal, 2014, l81 (2): 345 – 363.

［50］ Cheung, S L, Hedegaard, M, Palan, S. To see is to believe: Common expectations in experimental asset markets ［J］. European Economic Review, 2014 (66): 84 – 96.

［51］ Choi, N, Sias, R W. Institutional industry herding ［J］. Journal of Financial Economics, 2009, 94 (3): 469 – 491.

［52］ Clement, M B, Tse, S Y. Financial analyst characteristics and herding behavior in forecasting ［J］. The Journal of Finance, 2005, 60 (1): 307 – 341.

［53］ Cueva, C, Roberts, R E, Spencer, T, Rani, N, Tempest, M, Tobler, P N, Herbert, J, Rustichini, A. Cortisol and testosterone increase financial risk taking and may destabilize markets ［J］. Scientific Report, 2015 (5): 1 – 16.

［54］ Cueva, C, Rustichini, A. Is financial instability male-driven? Gender and cognitive skills in experimental asset markets ［J］. Journal of Behavior and Organization, 2015 (119): 330 – 344.

［55］ Cutler, D, Poterba, J M, Summers, L H. Speculative dynamics: International comparisons ［Z］. Mimeo, M. I. T. 1989.

［56］ Daniel, K, Hirshleifer, D, Subrahmanyam, A. Investor Psychology and Security Market under-and Overreactions ［J］. The Journal of Finance, 1998, 53 (6) : 1839 – 1885.

［57］ Dasgupta, A, Prat, A, Verardo, M, The price impact of institutional herding ［J］. The Review of Financial Studies, 2011, 24 (3): 892 – 925.

［58］ De Bondt, W. Betting on trends: intuitive forecasts of fifinancial risk and return ［J］. International Journal of Forecasting, 1993 (9): 355 – 371.

［59］ Deck, C, Porter, D, Smith, V. Double bubbles in assets markets with multiple generations ［J］. Journal of Behavior Finance, 2014, 15 (2): 69 – 88.

［60］ DeLong, J B, Shleifer, A, Summers, L H, Waldmann R J. Positive feedback investment strategies and destabilizing rational speculation ［J］. Journal of Finance, 1990 (45): 379 – 395.

［61］ Demirer, R, Kutan, A M, Chen, C D. Do investors herd in emerging stock markets? Evidence from the Taiwanese market ［J］. Journal of Economic Behavior and Organization, 2010, 76 (2): 283 – 295.

[62] Demirer, R, Lien, D, Zhang, H. Industry herding and momentum strategies [J]. Pacific-Basin Finance Journal, 2015, 32 (4): 95 – 110.

[63] Diacon, S, Hasseldine J. Framing effects and risk perception: The effect of prior performance presentation format on investment fund choice [J]. Journal of Economic Psychology, 2007, 28 (1): 31 – 52.

[64] Dufwenberg, M, Lindqvist, T, Moore, E, Bubbles and experience: An experiment [J]. American Economic Review, 2005, 95 (5): 1731 – 1737.

[65] Eckel, C C, Füllbrunn, S C, Thar she blows? Gender, competition, and bubbles in experimental asset markets [J]. American Economic Review, 2015, 105 (2): 906 – 920.

[66] Edwards, W. Conservatism in human information processing. In: Kleinmutz, B. (Ed.), Formal Representation of Human Judgment. John Wiley and Sons, New York, 1968.

[67] Enke, B, Zimmermann, F. Correlation neglect in belief formation [R]. CESifo Working Paper Series No. 4483, 2013.

[68] Fama, E F. Efficient capital markets: a review of theory and empirical work [J]. Journal of Finance, 1970, 25 (5): 383 – 417.

[69] Fehr, E. , Goette, L. Do workers work more if wages are high? Evidence from a randomized fifield experiment [J]. American Economic Review, 2007, 97 (1): 298 – 317.

[70] Ferri, G, Morone, A. The effect of rating agencies on herd behaviour [J]. Journal of Economic Interact and Coordinate, 2014, 9 (1): 107 – 127.

[71] Fischbacher, U. z-Tree: Zurich toolbox for ready-made economic experiments [J]. Experimental Economics, 2007 (10): 171 – 178.

[72] Friedman, M. The case for flexible exchange rates, in Milton Friedman, ed. : Essays in Positive Economics [C]. University of Chicago Press, Chicago, IL, 1953.

[73] Gafarov, F. Emergence of small world network architecture in neural

networks by activity dependent growth [J] Physica A: Statistical Mechanics and its Applications, 2016 (461): 409 - 418.

[74] Gladyrev, D, Powell, O, Shestakova, N. The effect of financial selection in experimental asset markets [R]. Working Paper, 2014.

[75] Gokecen, U, Post, T. Trading Volume, Return Variability and Short-Term Momentum [J/online] available from 2013 < http: //ssrn. com/abstract = 2354401 > or http: //dx. doi. org/10. 2139/ssrn. 2354401.

[76] Griffin, D, Tversky, A. The weighing of evidence and the determinants of over-confidence [J]. Cognitive Psychology, 1992 (24): 411 - 435.

[77] Gul, F, Lundholm, R. Endogenous timing and the clustering of agents' decisions [J]. Journal of Political Economy, 1995, 103 (5): 1039 - 1066.

[78] Hamid, F S, Rangel, G J, Taib, F M, Thurusamy, R. The relationship between risk propensity, risk perception and risk-taking behaviour in an emerging market [J]. International Journal of Banking and Finance, 2013 (1): 1 - 13.

[79] Hanaki, N, Akiyama, E, Funaki, Y, Ishikawa, R. Diversity in cognitive ability enlarges mispricing [R]. Working Paper, 2015.

[80] Hanke, M, Huber, J, Kirchler, M, Sutter, M. The economic consequences of a Tobin tax-an experimental analysis [J]. Journal of Economic Behavior and Organization, 2010, 74 (1): 58 - 71.

[81] Haruvy, E, Noussair, C N. The Effect of Short Selling on Bubbles and Crashes in Experimental Spot Asset Markets [J]. Journal of Finance, 2006, 61 (3): 1119 - 1157.

[82] Helwege, J, Liang, N. Initial public offerings in hot and cold markets [J]. Journal of Financial and Quantitative Analysis, 2004, 39 (3): 541 - 569.

[83] Holmen, M, Kirchler, M, Kleinlercher, D, Do option-like incentives induce overvaluation? Evidence from experimental asset markets [J]. Journal of Economic Dynamic Control, 2014 (40): 179 - 194.

[84] Holzmeister, F, Huber, J, Kirchler, M, Lindner, F, Weitzel, U, Zeisberger, S. What Drives Risk Perception? A Global Survey with Financial Professionals and Lay People [J] Management Science, 2020 (66).

[85] Hong, H, Stein, J C. A Unified Theory of underreaction, momentum trading and overreaction in asset markets [J]. Journal of Finance, 1999, 48 (1): 65 –91.

[86] Hong, I B. Understanding the consumer's online merchant selection process: The role of product involvement, perceived risk, and trust expectation [J]. International Journal of Information Management. , 2015, 35 (3): 322 –349.

[87] Huber, J, Angerer, M, Kirchler, M. Experimental asset markets with endogenous choice of costly asymmetric information [J]. Experimental Economics, 2011, 14 (2): 223 –240.

[88] Hussam, R N, Porter, D, Smith, V L, Thar she blows: Can bubbles be rekindled with experienced subjects? [J] American Economic Review, 2008, 98 (3): 924 –937.

[89] Huynh, T D, Smith, D R. News sentiment and momentum [J/OL]. SSRN Electronic Journal. 2013.

[90] Iliev, P, Kalodimos, J, Lowry, M. Investors' attention to corporate governance [R]. Unpublished Working Paper, 2018.

[91] James, D, Isaac, R M. Asset markets: How they are affected by tournament incentives for individuals [J]. American Economic Review, 2000, 90 (4): 995 –1004.

[92] Jegadeesh, N, Kim, W, Do analysts herd? an analysis of recommendations and market reactions [J]. Review of Financial Studies, 2010, 23 (2): 901 –937.

[93] Jia H, Dyer J S. A standard measure of risk and risk-value models [J]. Management Science, 1996, 42 (12): 1691 –1705.

[94] Jia J, Dyer J S, Butler J C. Generalized disappointment models [J].

Journal of Risk and Uncertainty, 2001, 22 (1): 59 – 78.

[95] Jia J, Dyer J S, Butler J C. Measures of perceived risk [J]. Management Science, 1996, 42 (12): 1691 – 1705.

[96] Johnson, J, Wilke, A, Weber, E U. Beyond a trait view of risk taking: A domain-specific scale measuring risk perceptions, expected benefits, and perceived-risk attitudes in German-speaking populations [J]. Polish Psychological Bulletin, 2004, 35 (3): 153 – 163.

[97] Keser, C., Markstädter, A. Informational asymmetries in laboratory asset markets with state-dependent fundamentals [J]. Ciranc-Scientific Publications, 2014.

[98] Keskek, S, Tse, S, Tucker, J W. Analyst information production and the timing of annual earnings forecasts [J]. Review of Accounting Studies, 2014, 19 (4): 1504 – 1531.

[99] Kirchler, M, Bonn, C, Huber, J, Razen, M. The "inflow-effect" Trader inflow and price efficiency [J]. European Economic Review, 2015 (77): 1 – 19.

[100] Kirchler, M, Huber, J. Fat tails and volatility clustering in experimental asset markets [J]. Journal of Economic Dynamic Control, 2007, 31 (6): 1844 – 1874.

[101] Kirchler, M, Huber, J, Kleinlercher, D. Market microstructure matters when imposing a Tobin tax—Evidence from the lab [J]. Journal of Economic Behavior and Organization, 2011, 80 (3): 586 – 602.

[102] Kirchler, M, Huber, J, Stöckl, T. Thar she bursts: Reducing confusion reduces bubbles [J]. American Economic Review, 2012, 102 (2): 865 – 883.

[103] Kleinlercher, D, Huber, J, Kirchler, M. The impact of different incentive schemes on asset prices [J]. European Economic Review, 2014, 68: 137 – 150.

[104] Klos, A, Weber, E U, Weber M. Investment decisions and time

horizon: Risk perception and risk behavior in repeated gambles [J]. Management Science, 2005, 51 (12): 1777 – 1790.

[105] Kocher, M G, Lucks, K E, Schindler, D. Unleashing animal spirits-self-control and bubbles in experimental asset markets [R]. CESifo Working Paper Series No. 5812, 2016.

[106] Kumar, A, Goswami, Y, Santhanam, M S. Distinct nodes visited by random walkers on scale-free networks [J] Physica A: Statistical Mechanics and its Applications, 2019 (532): 121 – 175.

[107] Lahav, Y, Meer, S. The effect of induced mood on prices in experimental asset markets [R]. Working paper, Emory University, 2010.

[108] Lei, V, Vesely, F. Market efficiency: Evidence from a no-bubble asset market experiment [J]. Pacific Economic Review, 2009, 14 (2): 246 – 258.

[109] Levine, S S, Apfelbaum, E P, Bernard, M, Bartelt, V L, Zajac, E J, Stark, D. Ethnic diversity deflates price bubbles [J]. Proceedings of the National Academy of Sciences, 2014, 111 (52): 18524 – 18529.

[110] Liu, W, Li, T, Cheng, X. Spreading dynamics of a cyber violence model on scale-free networks [J] Physica A: Statistical Mechanics and its Applications, 2019 (531): 121 – 152.

[111] Liu, W, Zhong S. A novel dynamic model for web malware spreading over scale-free networks [J] Physica A: Statistical Mechanics and its Applications, 2018 (505): 848 – 863.

[112] Lowry, M, Schwert, G W. Ipo market cycles: Bubbles or sequential learning? [J]. The Journal of Finance, 2002, 57 (3): 1171 – 1200.

[113] Lugovsky, V, Puzzello, D, Tucker, S, Williams, A. Asset-holdings caps and bubbles in experimental asset markets [J]. Journal of Economic Behavior and Organization, 2014 (107): 781 – 797.

[114] Lu, Z., Guo, S. A small world network derived from deterministic

uniform recursive tree [J]. Physica A: Statistical Mechanics and its Applications, 2012 (391): 87 – 92.

[115] Ma, F, Yao, B A. family of small network models built by complete graph and iteration-function [J]. Physica A: Statistical Mechanics and its Applications, 2018 (492): 205 – 219.

[116] Ma, F, Yao, B. The relations between network-operation and topological-property in a scale-free and small-world network with community structure [J]. Physica A: Statistical Mechanics and its Applications, 2017 (484): 335 – 352.

[117] Merkley, K, Michaely, R, Pacelli, J. Does the scope of the sell-side analyst industry matter? an examination of bias, accuracy, and in-formation content of analyst reports [J]. The Journal of Finance, 2017, 72 (3): 1285 – 1334.

[118] Michailova, J, Schmidt, U. Overconfidence and bubbles in experimental asset markets [J]. Journal of Behavior Finance, 2016, 17 (3): 280 – 292.

[119] Morone, A. Financial markets in the laboratory: an experimental analysis of some stylized facts [J]. Quantative Finance, 2008, 8 (5): 513 – 532.

[120] Morris, S, Shin, H S. Social value of public information [J]. American Economic Review, 2002, 92 (5): 1521 – 1534.

[121] Moskowitz, T J, Ooi, Y H, Pedersen, L H. Time series momentum [J]. Journal of Financial Economics, 2012, 104 (2): 228 – 249.

[122] Murto, P, Välimäki, J. Delay and information aggregation in stopping games with private information [J]. Journal of Economic Theory, 2013, 148 (6): 2404 – 2435.

[123] Noussair, C N, Powell, O, Peaks and valleys: Price discovery in experimental asset markets with non-monotonic fundamentals [J]. Journal of Economic Study, 2010, 37 (2): 152 – 180.

[124] Noussair, C N, Tucker, S. Cash inflows and bubbles in asset markets with constant fundamental values [J]. Economic Inquiry, 2016, 54 (3): 1596 – 1606.

[125] Noussair, C, Xu, Y. Information mirages and financial contagion in an asset market experiment [J]. Journal of Economic Study, 2015, 42 (6): 1029 – 1055.

[126] Odean, T. Volume, volatility, price, and profit when all traders are above average [J]. The Journal of Finance, 1998, 53 (6): 1887 – 1934.

[127] Palan, S. A review of bubbles and crashes in experimental asset markets [J]. Journal of Economic Survey, 2013, 27 (3): 570 – 588.

[128] Palan, S. A review of research into Smith, Suchanek and Williams markets [R]. Working Paper, 2013.

[129] Palan, S, Stöckl, T. When chasing the offender hurts the victim: The case of insider legislation [J]. Journal of Financial Markets, 2016, 7 (2): 1 – 26.

[130] Palmer, R G, Arthur, W B, Holland, J H, LeBaron, B, Tayler, P. Articial economic life: a simple model of a stock market [J]. Physica D, 1994 (75): 264 – 274.

[131] Pan, M S. Autocorrelation, Return Horizons and Momentum in Stock Return [J]. Journal of Economics and Finance, 2010, 34 (3): 284 – 300.

[132] Park, A, Sabourian, H. Herding and contrarian behavior in financial markets [J]. Econometrica, 2011, 79 (4): 973 – 1026.

[133] Ruan, Y, Li, A. A new small world network created by Cellular Automata [J]. Physica A: Statistical Mechanics and its Applications, 2016 (456): 106 – 111.

[134] Sang, L, Mail, R, Karim, M R, Ulum, Z K, Mifli, M Lajuni, N. Pretesting and Piloting the research instrument to examine the central roles of risk perception and attitude towards financial investment behavioral intention among Malaysians [J]. Journal of the Asian Academy of Applied Business, 2017 (4): 97 – 108.

[135] Sias, R W. Institutional herding [J]. The Review of Financial Stud-

ies, 2004, 17 (1): 165 – 206.

[136] Smith, V.: An experimental study of competitive market behavior [J]. Journal of Polity Economic, 1962 (70): 111 – 137.

[137] Stein, J. Informational externalities and welfare-reducing speculation [J]. Journal of Political Economy, 1987 (95): 1123 – 1145.

[138] Stone, T. Mckay, S. Majority-vote model on a dynamic small-world network [J]. Physica A: Statistical Mechanics and its Applications, 2015 (419): 437 – 443.

[139] Tanimoto, J. A multi-community homogeneous small world network and its fundamental characteristics [J], Physica A: Statistical Mechanics and its Applications, 2016 (460): 88 – 97.

[140] Trautmann, S, Vlahu, R. Strategic loan defaults and coordination: an experimental analysis [R]. Dutch National Bank, Working Paper, 2011.

[141] Tse, S, Tucker, J W. Within-industry timing of earnings warnings: do managers herd? [J] Review of Accounting Studies, 2010, 15 (4): 879 – 914.

[142] Tversky, A, Kahneman, D. Judgment under uncertainty: heuristics and biases [J]. Science, 1974 (185): 1124 – 1131.

[143] Veld, C, Veld-Merkoulova, Y V. The risk perceptions of individual investors [J]. Journal of Economic Psychology, 2008, 29 (2): 226 – 252.

[144] Vilela, A, Souza, A. Majority-vote model with a bimodal distribution of noises in small-world networks [J]. Physica A: Statistical Mechanics and its Applications, 2017 (488): 216 – 223.

[145] Wagner, W. Performance evaluation and financial market runs [J]. Review of Finance, 2013, 17 (2): 597 – 624.

[146] Watts, D J, Strogatz, S H. Collective dnamics of "small-world" networks [J]. Nature Letters, 1998, 393 (4): 440 – 442.

[147] Weber, E, Blais, A, Betz, N E. A domain-specific risk-attitude scale: Measuring risk perceptions and risk [J]. Journal of Behavioral Decision

Making, 2002, 15 (4): 263 – 290.

[148] Weber, E U, Blais, A R, Betz, N E. A Domain-Specific Risk-Attitude Scale: Measuring Risk Perceptions and Risk Behaviors [J]. Social Science Electronic Publishing.

[149] Weber, M, Duffy, J, Schram, A J. An Experimental Study of Bond Market Pricing [R]. Working paper, 2016.

[150] Xu, H, Li, T, Liu, X. Spreading dynamics of an online social rumor model with psychological factors on scale-free networks [J] Physica A: Statistical Mechanics and its Applications, 2019 (525): 234 – 246.

[151] Yang, P, Wang, Y. Dynamics for an SEIRS epidemic model with time delay on a scale-free network [J]. Physica A: Statistical Mechanics and its Applications, 2019 (527): 171 – 190.

[152] Zeng, H, Zhu, C, Wang, S. Scaling behaviors and self-organized criticality of two-dimensional small-world neural networks [J]. Physica A: Statistical Mechanics and its Applications, 2020 (540): 123 – 191.

[153] Zhang J, Small M, Judd K. Exactly scale-free scale-free networks [J]. Physic A: Statistical Mechanics and its Applications, 2015 (433): 182 – 197.

[154] Zhang, J. Strategic delay and the onset of investment cascades [J]. Journal of Economics, 1997 (8): 188 – 205.